文/攝影

U0010948

玩美國，簡單5步驟

1 STEP 扼要認識美國

2 STEP 輕鬆行前準備

3 STEP 弄懂美國交通

4 STEP 掌握美國景點

5 STEP 規劃旅遊路線

STEP 01 認識美國

STEP 02 行前準備 Step by Step

CONTENTS

STEP 03

弄懂美國交通
Step by Step

STEP 04

掌握美國
景點資訊

STEP 05

規劃旅遊路線

步驟 1
▼
認識美國

1▶1 美利堅合眾國

　　一般簡稱為USA、US或美國（America），就面積而言是北美洲第二大的國家，國家體制與結構型式為聯邦共和立憲制，是現存歷史最悠久的立憲共和國，首都位於東岸的華盛頓‧哥倫比亞行政特區（Washington, District of Columbia），美國由50個州與華盛頓D.C.所組成，除了北美洲大陸西北方的阿拉斯加州和太平洋中部的夏威夷州之外，其餘48個州均位於美國本土，並有數個境外領地，如加勒比海的波多黎各與太平洋上的關島，土地面積約為962萬平方公里，是臺灣的270倍大，總人口數約為3.1億，排名世界第三僅次於中國、印度，其中約77%的人口居住於城市地區，人口組成以白人為主占64%，其餘分別為拉丁美洲裔、非洲裔及亞裔等，為一個多元文化和多元民族的國家，經濟高度發達，科技、工業、農業、交通運輸等各項技術先進，經濟總量與對外貿易額長期居於世界首位，為全球最富裕及生活水準最高的國家之一。

華盛頓 D.C. 的美國國會大廈

1▶2 歷史脈絡與軌跡

　　1492年哥倫布率領西班牙艦隊登上美洲新大陸，並揭開歐洲殖民美洲的序幕前，這片土地上早已有美洲原住民（印第安人）居住著，約莫16世紀起，西班牙與英國等的歐洲移民群陸續漂洋過海而來，此後的百餘年間，一艘又一艘搭載了懷抱對未來美好憧憬移民的船隻來到北美洲，建立了最初的13個殖民州。

　　17世紀中期，北美洲英屬殖民地與母國開始出現以經濟利益為主的衝突，英國限制殖民地生產之農作物與其他經濟作物的出口活動與不斷加重稅賦，削減地方權限並通過一系列加強控制殖民地的法案，種種強硬措施引發一連串反抗行動，導致美國革命戰爭爆發。

美洲原住民的羽毛頭飾

1776年7月4日北美洲13個英屬殖民地藉由湯瑪斯‧傑佛遜所起草的《獨立宣言》（Declaration of Independence）表達殖民地對君主的諸多不滿，在賓州費城正式宣布脫離英國獨立與成立美利堅合眾國，1789年由喬治‧華盛頓宣誓就任美國第一任總統。

19世紀初期至20世紀的西拓運動，新的州陸續加入聯邦，美國也收購了一些海外屬地，人口亦急遽的成長，長久以來的奴隸制度和南北經濟差異問題逐漸浮現，北方州廢除奴隸制度的呼聲不斷，1860年反對蓄奴的林肯當選總統，兩方的歧見日益嚴重，終致隔年4月南北戰爭正式開打，這場內戰被視為美國統一的戰爭，也是美國由區域邁向統合的重要里程。1865年內戰結束，北軍獲勝保住聯邦的完整，林肯卻不幸在南方投降後數日遭到暗殺。

印地安人居住的梯皮帳篷

湯瑪斯‧傑佛遜銅像

西拓運動的代表：路易斯與克拉克遠征探險隊

林肯解放黑奴雕像

美國首任總統喬治‧華盛頓

馬丁路德‧金恩是非裔美國人、民權運動的領袖　　　　第四十四任與首位非裔美國總統歐巴馬

　　第二次世界大戰後美國的經濟發展相
對穩定增長，工業技術科技等各方面快速
進步。1991年蘇聯解體，美蘇冷戰正式劃
下句點，美國成為世界最強大的國家。

　　美國被稱為文化大熔爐，實際上非
裔美國人、有色人種的平等待遇，以及
女權的提倡與爭取，到20世紀中以後才成
為全國性議題。2008年巴拉克‧歐巴馬
（Barack Obama）當選第四十四任美國總
統，成為第一位非裔美國總統，被視為美
國在追求民主自由、種族平權之路上，極
具象徵性意義的進展。

　　美國建國以來兩百多年的歷史，從
一片荒蕪的殖民地，歷經動盪和變革，發
展過程包括個人自由、民主政府、經濟機
會、繁榮共享信念與社會核心價值的提
升，成就了今日泱泱大國的世界地位。

種族文化色彩豐富是美國的特色之一

1▶3 語言與人口組成

　　主要語言為英語，約占82.1%，超過半數的州將英語制定為官方語言，而西班牙語是第二多人使用的語言，約占10.7%，少部分使用歐洲語系和華語及其他語言。

　　根據2013年7月美國人口普查，統計全美總人口約3.17億，排名世界第三，以種族區分白人約79.96%、黑人約12.85%、亞裔約4.43%、印地安人與阿拉斯加原住民0.97%、夏威夷與其他太平洋島民0.18%，具有兩種或以上血緣者約占1.61%；其中可再被另歸為西班牙裔者約15.1%。

　　人口數最多的前五大州，依序分別為：加州占總人口數的11.9%、德州8.04%、紐約州6.19%、佛羅里達州6.01%、伊利諾州4.10%；在五十州內人口數占最少的為懷俄明州，僅有0.18%。

1▶4 旅遊與人文景觀

　　Oh beautiful, for spacious skies, for amber waves of grain, for purple mountain majesties above the fruited plain.（美哉此地，天高空廣，糧實如浪金黃；秀美其嶽，朱紫其鑿，處碩野豐田曠。）

　　──節錄自Katharine Lee Bates所作之歌曲《美哉美國》（America the Beautiful）

大提頓國家公園景致

　　美國幅員遼闊、地形複雜且變化多端，廣大的土地涵蓋各種地貌如高山、峽谷、海洋、湖泊、河流、草原、沙漠、地熱、冰河等，多采多姿、風光明媚，農業、礦產和森林等自然資源豐富，經濟發達且高度現代化，多種族與民族文化交融產生的激盪，更加豐富了這個國家的風土民情，陸海空易達性高與大城市便捷的公共交通，美國因而成為極具吸引力的旅遊國家，加上自聯邦政府到州與城市均非常重視觀光旅遊，旅遊業的蓬勃發展使美國旅遊收益多年來穩居世界第一。

黃石國家公園的溫泉：牽牛花池

1▶5 季節氣候

　　美國國土遼闊涵蓋多種氣候類型，從夏威夷終年高溫多雨的熱帶雨林氣候，佛羅里達南端夏雨冬乾的熱帶莽原氣候，到阿拉斯加的副極地與苔原氣候均有之。美國本土西南方從亞歷桑納州到路易斯安那州主要為炎熱的沙漠地帶，但降雨量大；東南方從維吉尼亞州以南為亞熱帶溼潤氣候，夏季乾熱，冬季溫和，偶有降雪；東北方新英格蘭區為溼潤大陸性氣候，四季變化分明；中西部明尼蘇達和北達科他等州與東北方氣候接近，惟較乾燥；中南部太平洋區的各州差異較大，如加州幾乎終年風光明媚、舒適宜人，而科羅拉多州與蒙大拿州的冬季則冰雪覆蓋非常寒冷；西北太平洋區是全美最潮溼的區域，奧勒岡州與華盛頓州常年氣候溫和，平均溫差不大，但起霧與毛毛雨是當地居民習以為常的天氣。

美東冬季一個雪後的早晨

1▶6 地理位置與時差

　　美國位於美洲的中北部，西臨太平洋、東濱大西洋，東南方環繞墨西哥灣，海岸線總長約19,924公里，美國本土的北部及阿拉斯加的東部與加拿大接壤，南部與墨西哥為鄰，隔海與俄羅斯、古巴、巴哈馬對望。東部地形主要為丘陵與低山，中部為廣闊的大平原，西部具有較高且崎嶇的山脈，氣候深受地形變化影響，最長的河流為中南部的密西西比河，全長6,270公里，起源於明尼蘇達州，流經中央大平原，注入墨西哥灣，最高點在阿拉斯加的德納利國家公園（Denali National Park），海拔6,198公尺，最低點在加州東南部的死亡谷國家公園（Death Valley National Park）內，低於海平面86公尺。

　　美國本土分為四個主要時區，由東而西分別為：美東時區、中部時區、山地時區、太平洋時區，相鄰時區之間相差1小時，意即位於美東時區的紐約與太平洋時區的洛杉磯，兩地相差3小時；本土以外的阿拉斯加採阿拉斯加標準時區、夏威夷採夏威夷——阿留申標準時區。

　　各州多採行夏令日光節約時間（Daylight Saving Time），自每年3月第二個周日凌晨開始，將時間撥快1小時，至11月第一個周日凌晨結束再撥回，統一在凌晨2點時做調整時鐘動作。日光節約時間實施時美國東部較臺北晚12小時，即臺灣早上9點時，美東紐約仍在前一天的晚上9點，其餘非日光節約時間，則晚臺北13小時。

1▶7 國定假日 & 各月重點節慶活動

　　美國的節日可分為兩類，全國性的聯邦假日與傳統節日，各州也有權自定假日，假日適逢星期日，會順延至星期一慶祝；若為星期六，則改於前一日（即星期五）提前慶祝，各觀光景點常會舉辦相關活動，若選在重要假日出遊，需預期人潮洶湧，許多節日的日期並不固定，可上聯邦政府網站查詢當年公告放假日。

‧美國聯邦（全國性）假日查詢：www.opm.gov/Operating_Status_Schedules/fedhol

聯邦法定假日（Federal Public Holidays）	
假日	日期
New Year's Day　新年	1月1日
Birthday of Martin Luther King, Jr.　馬丁路德‧金恩博士誕辰紀念日	1月第三個星期一
Washington's Birthday　總統日	2月第三個星期一
Memorial Day　國殤日／陣亡將士紀念日	5月最後一個星期一
Independence Day　國慶／獨立紀念日	7月4日
Labor Day　勞工節	9月第一個星期一
Columbus Day　哥倫布紀念日	10月第二個星期一
Veterans Day　退伍軍人節	11月11日
Thanksgiving Day　感恩節／火雞節	11月第四個星期四
Christmas Day　聖誕節	12月25日
其他美國傳統與流行節日	
節日	日期
Valentine's Day　情人節	2月14日
Saint Patrick's Day　聖派翠克日	3月17日
Easter　復活節	3月春分後月圓第一個星期天
Mother's Day　母親節	5月第二個星期日
Father's Day　父親節	6月第三個星期日
Halloween　萬聖節	10月31日
Election Day　選舉日	11月第一個星期一之後的星期二

歷屆美國總統壁畫

五顏六色的珠珠串是麻地瓜狂歡遊行的特色

美麗的櫻花盛開在國家大草坪與潮汐湖畔

美國每月幾乎都有特殊活動或慶典舉辦，如4月有知名的華府櫻花祭與7月的國慶日煙火，還有紐約時代廣場的超人氣跨年倒數活動，每年都吸引無數遊客專程前往，計畫赴美旅遊時不妨將參加活動考慮進行程裡，必定會增添不少樂趣。

一月

恰逢馬丁路德‧金恩博士誕辰日，表彰與紀念民權領袖的活動與演唱會為期整月將在全美各處舉行。如遇前一年11月有總統大選，則固定於1月20日在華盛頓D.C.舉辦宣誓活動。

二月

麻地瓜（Mardi Gras）狂歡遊行，在基督徒封齋日前的星期二（可能落在2月3～9日間），全美許多大城市會舉辦，尤以紐奧良州最負盛名，每年超過五百萬人參加。中國新年春節大遊行與舞龍舞獅，幾個較大的如舊金山、紐約、華盛頓D.C.中國城會擇日舉辦。總統日周末，循例在白宮遊客中心、華盛頓故居維農山莊、亞歷山卓市與維州威廉斯堡殖民地都會舉辦各類紀念活動。

三月

婦女歷史月，有許多向傑出女性表達致意的活動。感受歡樂愉快的愛爾蘭傳統節慶的聖派翠克日遊行，商店與街道上常可見許多綠色系和酢醬草圖樣裝飾。3月底至4月初為期兩周，則有在華盛頓D.C.潮汐湖畔舉辦的國家櫻花祭（National Cherry Blossom Festival）與在國家大草坪上舉辦的史密斯梭尼亞風箏節。

四月

四月的第一個禮拜為美國職棒大聯盟MLB開幕賽周。緊接著登場的為復活節，白宮舉辦的復活節滾彩蛋大賽，歷來是最具特色的傳統活動之一，開放十二歲以下兒童及其家長參與，活動免費但須預先在網站上登記取得限額入場券的抽籤資格（www.whitehouse.gov/eastereggroll）。

親臨 MLB 賽事感受現場的沸騰氣氛

五月

5月底的陣亡將士紀念日，全美各地舉辦大小追思儀式，另在華盛頓D.C.的阿靈頓公墓、二戰紀念園、海軍紀念碑等地有遊行與免費演場會等活動可參加，陣亡將士紀念日前的周末一般也被視為夏季的開始。

阿靈頓國家公墓的無名戰士塚

六月

6月初至中旬不妨造訪芝加哥，親臨世界最大的藍調音樂盛會「芝加哥藍調音樂節」（Chicago Blues Festival）。美國的父親節在6月中下旬，商店將會有折扣促銷。6月底至7月初是紐約的餐廳博覽周，遊客將有機會購買到低價餐券，享用平時貴得令人咋舌的頂級餐廳美食。

七月

7月4日獨立紀念日全美各地均有慶祝活動與遊行，以美國國會大廈前演唱會、華盛頓紀念碑旁的音樂會和

芝加哥藍調音樂節宣傳海報

013

華盛頓 D.C. 的國慶煙火

照亮華盛頓D.C.夜空的國慶煙火施放最具代表性。7月中在芝加哥與西雅圖各有美食饗宴活動,分別為品嘗芝加哥(Taste of Chicago)與西雅圖美食節(Bite of Seattle)。

國慶煙火(July 4th F ireworks)

　　國家大草坪是公認最佳觀賞煙火的地點,視野極佳且可容納最多遊客,約從下午3點多便會有人開始占位置,煙火由林肯紀念堂前映像池施放,絢爛的煙火照亮了華盛頓紀念碑與華盛頓 D.C. 的夜空,施放時段通常是國會前方草坪上的演唱會結束後,約在21點15分時,遇雨會延至隔日(7月5日)晚上。

☆ 交通方式:靠近華盛頓紀念碑可搭地鐵藍線或橘線到聯邦三角站、地鐵中心站,因為史密斯梭尼亞站通常將關閉以避免人潮過度集中。從國會大廈觀賞煙火,可搭黃線或綠線到國家檔案局站或朗方廣場站,建議出發前上地鐵網站查詢當天交通疏運情形。

☆ 其他替代觀賞地點:硫磺島紀念碑、傑佛遜紀念堂和白宮前橢圓草坪等。

☆ 華盛頓 D.C. 國慶日煙火相關資訊:www.pbs.org/capitolfourth

八月

　　8月裡沒有主要節日,但好天氣就是全家出遊的旺季。8月初有自1947年開始的緬因州龍蝦節(Maine Lobster Festival),可大快朵頤各式龍蝦料理,地點在離波士頓約4小時的Rockland。許多州如紐約、西維吉尼亞、愛荷華與明尼蘇達等,在此月舉辦熱鬧的州市集(State Fair),市集中有農作物與畜產競賽、各式展覽、音樂表演、特殊有趣的食物和歡樂刺激的遊樂設施等。

有吃有玩熱鬧無比的市集

九月

9月的首個星期一為美國勞動節，勞動節前的周末一般也被視為非正式的夏季結束象徵，須預期把握連假出遊的人潮車潮。2001年的911恐怖攻擊事件造成了數以千計的死傷，成為美國人心中永遠的痛，雖9月11日仍不是聯邦法定假日，但官方與非官方均會舉辦許多的紀念和追思活動。9月中旬，肯塔基州有波本威士忌節（Kentucky Bourbon Festival）、德州有葡萄美酒節（Grapefest），進入下旬後由德國傳來的啤酒節（Oktoberfest）在許多地方歡慶，如在辛辛那提州有僅次於慕尼黑規模的世界第二大啤酒節活動稱為Oktoberfest Zinzinnati。

十月

哥倫布日為10月的第二個星期一，正是其在1492年登上美洲大陸的日子，而進入10月份後最令人興奮的便是10月31日的萬聖節，商店與許多人家的內外從10月初就開始掛上南瓜、骷髏、鬼怪等裝飾。佛羅里達州的主題樂園，如環球影城、迪士尼、布希花園等，也固定會有整月的搞鬼活動，開放遊客購票晚上入園，享受整個偌大園區鬼影幢幢的陰森恐怖氣氛。

十一月

感恩節又被暱稱為火雞節，類似臺灣的中秋節般，是在外地的家人們返鄉齊聚歡度的日子，許多城市會舉辦感恩節遊行活動，最具代表性的為紐約市梅西百貨的Macy's Thanksgiving Day Parade，另外白宮會舉辦有

9 月 11 日各地都舉辦追思活動

入秋之後就是南瓜熟成的季節

015

一戶美國人家將庭院布置成萬聖節墳場

火雞是感恩節的象徵

黑色星期五的賣場搶購人潮

白宮橢圓草坪的國家聖誕樹

趣的總統特赦火雞儀式；感恩節隔天的黑色星期五特賣，是全美消費者最為瘋狂的一天，大小商店與outlet mall會有超級低價商品，引發大批人潮凌晨起通宵排隊搶購。

十二月

　　聖誕節的濃厚氣氛籠罩整個12月，購物中心會安排聖誕老人和孩子們會面和拍照，讓小孩坐在膝上說說心目中最想要的聖誕禮物，另外在華盛頓D.C.白宮附近的橢圓形草坪，有國家聖誕樹點燈儀式和展覽，紐約洛克斐勒中心的超大型聖誕樹也極有看頭。而跨年的最熱門去處莫過於是有「世界的十字路口」之稱的紐約時代廣場，11點59分時大型水晶球降下，五彩繽紛的彩帶與氣球從天飛散，搭配絢麗的雷射燈光，每年吸引數百萬人前往倒數迎接新年，有興趣的人須提前去卡位且要有等待7、8小時的心理準備。

購物中心的聖誕老公公與老婆婆

留心警告標示避免造成自身危險

1▶8 治安與人身財物安全

　　美國是旅遊安全的國家，槍戰、警匪飛車追逐的情節往往只在電影中發生，然而所有城市都有好區和壞區，詢問當地居民是最快速了解環境的管道之一，避免前往犯罪率高的區域，入夜後盡可能不要單獨步行外出，尤其是落單女性旅人。一般而言，觀光區景點與政府部門所在地的市中心，警力充足，治安良好犯罪率較低，但仍需時時注意周遭環境。

　　參觀遊覽景點時，避免攜帶過多錢財或貴重飾品，以免遭搶或被竊，把握錢財不露白原則，出遊心情輕鬆但不大意，保持機警為上策。任何情況下都千萬避免抄捷徑或擅闖穿越私人區域，注意「禁止擅入」（No Trespassing）標誌，以免面臨被逮捕或被領域主人合法自衛開槍射擊的可能。

　　旅途中應預先安排好下一站住宿處，在火車站或公車站過夜是不安全且被禁止的，如規劃公路旅行，請留意高速公路出口指標，沿路多可找到免預約的汽車旅館，切勿在休息區停車睡覺過夜。

【America】

步驟2

▼

行前準備
Step by Step

Step 1

備妥旅行文件

1▶1 護照申請

　　自民國100年7月1日起申請普通護照必須本人親自至領事事務局或外交部中、南、東辦事處辦理，如需要委託旅行社或親友代辦者，也需要親自到外交部委辦之戶政事務所辦理人別確認後，才能委任代理人續辦護照。

所需文件與費用

· 普通護照申請書乙份（領事事務局網站可下載）。
· 六個月內拍攝之光面白色背景彩色照片乙式2張（直4.5公分且橫3.5公分，不含邊框）。
· 規費新臺幣1,300元。
· 效期不足一年的舊護照（換新護照者）。
· 國民身分證正本（驗畢退還）與正、反面影本各1份；14歲以下、沒有身分證者，繳驗戶口名簿正本並附繳影本乙份或3個月內辦理之戶籍謄本正本與影本乙份。

注意事項

· 申請人如果不能親自申請，但經戶政事務所確認人別者，可委任親屬、旅行社或所屬同一機關、團體、學校之人員代為申請（受委任人須攜帶身分證正本及親屬關係證明或服務機關相關證件正本），並填寫申請書背面之委任書及黏貼受委任人身分證影本。

・一般件為4個工作天；遺失補發件為5個工作天。

・依國際慣例，護照有效期限須半年以上始可入境其他國家。

以上內容僅供參考，請仍以現行法令規定為準，或是上外交部領事事務局網站（www. boca.gov.tw）查詢最新規定。

申辦護照詢問電話：外交部領事事務局02-23432807或02-23432808，中部辦事處04-22510799，南部辦事處07-2110605，東部辦事處03-8331041。

1▶2 美簽辦理

免簽證計畫

美國於2012年10月2日宣布臺灣加入免簽證計畫（Visa Waiver Program，簡稱VWP）。根據VWP，符合資格之臺灣護照持有人若滿足特定條件，即可赴美從事觀光或商務達90天，無需簽證即可入境，但限制停留天數不得延長。

欲以VWP入境美國，須先透過旅遊許可電子系統（Electronic System for Travel Authorization，簡稱ESTA）取得旅遊許可，並於旅行前滿足所有相關資格條件。

▶▶ **所需文件與費用**

・有效期6個月以上的中華民國「晶片護照」，且旅客具備國民身分證號碼。

・英文的個人資料，包括姓名、出生日期、護照資訊。回答有無傳染疾病、特定罪行之逮捕與定罪、撤銷簽證或遭驅逐出境之紀錄，以及其他相關問題。

・有效的信用卡或金融卡。線上繳交申請費用14美金。

・申請網址：esta.cbp.dhs.gov/esta。

▶▶ **相關資格條件**

・旅客前往美國目的限為洽商或觀光，並且停留不超過90天。

・具備供在美期間支出的足夠資金。

・旅客抵達美國之前，須持有回程或前往其他國家之機票。

・入境72小時前透過旅遊許可電子系統（ESTA）取得以VWP入境之旅遊許可。

021

▶ ▶ **其他注意事項**

· 持電子機票旅遊者，在美國移民局入境關口必須出示旅遊行程表。
· VWP旅遊許可的效期通常是兩年或護照到期日，在效期內可不限次數前往美國。
· 若已具備有效的美國觀光簽證，只要旅行目的符合觀光簽證（B），且簽證尚未過期或遭撤銷，仍可使用該簽證，不需再提出ESTA申請。
· VWP並不包括計畫前往美國讀書、工作或停留超過90天的人，此類的旅客仍需要簽證。
· 現行法規與費用，請以美國在臺協會網站公布為準。

VWP重要提醒

　　ESTA旅行許可並不等同於簽證，只是免簽證資格的事先過濾，而不論是持有簽證或符合旅遊免簽證計畫的資格，都不保證一定可以入境美國。能否入境是由入境關口的移民官做最後決定。若移民官員有理由相信參加VWP的旅客，有打算前往美國讀書、工作、停留超過90天的意圖，或是對於旅遊計畫有任何不實的陳述，移民官員有權當場拒絕旅客入境美國。

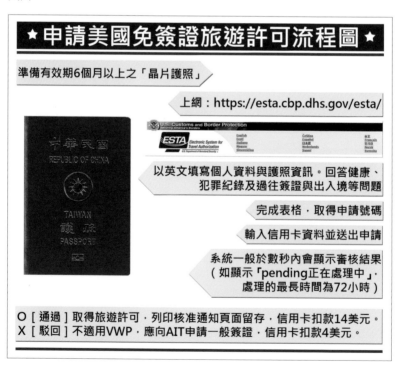

Step by Step圖解旅遊許可電子系統（ESTA）申請流程

Step ▶▶1 旅遊許可電子系統已經提供正體中文的版本供選擇，進入如下之中文頁面後按下「申請」。

下兩頁將顯示免責聲明與2009年旅遊促進法，閱讀後選擇「是，我已閱讀並了解上述資訊且同意這些條款。」，並點「下一步」。

Step ▶▶2 全以英文如實填寫個人資訊。紅色＊為必填，包含護照上之姓氏、名字，性別、出生日期與出生國、國籍、居住國等。電子郵件地址與電話非必填，但建議填寫。

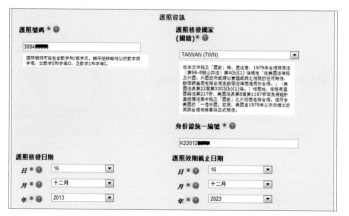

護照資訊請依照晶片護照第2頁（照片頁）載明資料填寫。旅行資訊與在美國期間的地址非必填，但若有的話建議填寫，登機的城市名稱，從桃園機場出發填寫Taoyuan；從小港機場出發填寫Kaohsiung，運輸公司及航班號碼登錄於電子機票上。

依個人自身實際情形回答健康狀況、犯罪紀錄、出入境與過往簽證相關問題。末段為「棄權聲明」，詳細閱讀完畢後，本人提出申請只要勾選標有＊的方塊確認即可，如果是代替他人填表提出申請，則兩個方塊均須勾選表示同意此聲明，接著點選「下一步」完成申請資料填寫。

Step ▶▶3 系統顯示所有於先前步驟填寫的資料供確認，逐一檢視每個欄位是否正確。

　　為避免相似數字與文字產生混淆，再次填寫護照與身分證號碼等資料以確認，勿用複製貼上，以免有錯誤時無法被驗證出。檢查無誤後按下「申請」。

申請送出
請在送出申請前檢閱所有資訊是否準確。若有不準確之處，請選擇上一步按鈕並用正確的資訊修改申請表。

申請人資訊

姓氏
HSU

名字
KUEI-YUAN

出生國
TAIWAN (TWN)

國籍
TAIWAN

居住國
TAIWAN (TWN)

電話號碼

國碼 886

號碼 72515200

出生日期
日 24
月 2
年 1961

性別（男性/女性）
F (女性)

電子郵件地址
Sandy@▇▇▇▇▇▇

護照資訊

護照號碼
3084▇▇▇

護照核發國家
TAIWAN

護照號碼可能包含數字和/或字元。請仔細辨識相似的數字與字母，如數字0和字母O，及數字1和字母I。

為驗證目的，請重新填寫您的護照號碼 *
護照號碼 30▇▇

為驗證目的，請重新填寫您的身份證統一編號 *
身份證統一編號 K220▇▇

為驗證目的，請重新填寫您的姓氏 *
姓氏 Hsu

為驗證目的，請重新填寫您的國籍 *
國籍 TAIWAN (TWN)

出於驗證的需要，請重新輸入您的出生日期。
日 * 24
月 * 二月
年 * 1961

請在送出申請前檢閱所有資訊是否準確。若有不準確之處，請選擇上一步按鈕並用正確的資訊修改申請表。

[上一步] [申請]

Step ▶▶4 系統顯示申請狀態與申請號碼，勾選「免責聲明」後按下「支付」進入信用卡付款頁面。

　　ESTA系統目前僅接受以下信用卡／金融卡：萬事達卡、VISA卡、美國運通卡、JCB卡、大來卡及Discover卡，來進行付款。

申請狀態
新增申請號碼R67177▇▇▇▇▇▇▇。

必須付款

您的申請未完成，並且在支付手續費以後CBP才會受理申請。您必須在7天內完成付款。

[新增新的申請] [新增未付款申請]

申請號碼	護照號碼	護照核發國家	姓氏	名字	出生日期
R67177▇▇	308-▇▇▇	TAIWAN	HSU	KUEI-YUAN	二月 24, 1961
[檢視申請] [列印申請] [更新申請]					[移除申請]

列印或記錄申請號碼。這將幫助您返回申請以支付申請費用或檢查狀態。

列印

免責聲明：
☐ 我瞭解持卡人向銀行請求退還申請費用將導致申請自動遭拒。

總計：美國 $14.00

[退出] [支付]

送出信用卡資訊後，畫面會顯示正在處理您的付款。一般情況下，系統在幾秒鐘內會給出申請結果。若系統的答覆是「正在處理中」，處理的最長時間是72小時。

申請通過後系統顯示「許可已核准」訊息。此時可按下「列印申請」來留存結果與方便日後查詢，旅行時不必出示許可複本。

旅行許可申請批准後，只要旅行符合免簽規定，即可前去美國，有效期為兩年。

觀光（非移民）簽證

　　欲在美洽商或觀光超過90日者不適用旅遊免簽證計畫，必須申請非移民簽證，類別為商務／觀光簽證（B-1／B-2），須線上填寫申請表格DS-160，預約面談時間並親自前往美國在臺協會（American Institute in Taiwan）辦理。

▶▶ **所需文件與費用**
- 5.1公分×5.1公分美簽用白底近照。
- 線上以英文填寫DS-160申請表與提供照片電子檔。
- 完成DS-160申請表後可列印DS-160確認單。
- 以DS-160確認單上條碼編號登入預約系統，預約面談時間並列印確認單。
- 上美國在臺協會網站查詢公告的最新簽證申請手續費與源訊資料處理中心的服務費費率，前往各地的郵局以現場劃撥方式繳納這兩筆費用。

Info

線上申請系統
☆ 網址：www.visaagent.com.tw/niv/ch-index.asp
☆ B1／B2簽證申請費：新臺幣4,800元（依匯率波動與AIT公告為準）
　 郵政劃撥帳號：19189005
　 戶名：美國銀行代收美國在臺協會簽證手續費專戶
☆ 源訊資料處理中心服務費：新臺幣390元
　 郵政劃撥帳號：50270749
　 戶名：臺灣源訊環球科技股份有限公司

▶▶ **面談申請流程**
- 當天準備DS-160確認單（左下角實貼美簽照片）、面談預約確認單、兩張繳費收據正本、護照正本（有效期6個月以上）與舊護照（如有）、全戶戶籍謄本、其他必要及輔助文件（如財力證明、所得稅扣繳憑單、在職證明、學生證、成績單、有關行程的資料、旅遊計畫等），以上文件勿裝訂。
- 在預約的時間準時抵達AIT，通過安全檢查後進入大廳，工作人員會協助檢查申請單的填寫及黏貼快遞條碼單在護照的背面，完成後至臺灣源訊櫃檯貼申請條碼及繳交匯款單據，進行指紋採集和等待面談，簽證核發與否會當場知道。

▶▶ **注意事項**
- 美國的非移民簽證政策採有罪推定論，意即假設所有申請者都有移民意圖，申請者必須能提出文件證明無移民企圖，並能說服簽證官自己於行程結束後會離開美國返臺。
- 面談時只需將護照與申請表交給簽證官，其他輔助文件如被要求再提出。

· 簽證申請核准後至快遞服務窗口完成寄件手續，核發的簽證及護照將透過快遞服務交還給申請人，費用新臺幣185元（貨到付款），通常隔日或後一日便會寄達。

DATA

AIT 美國在臺協會（臺北辦事處）
www.ait.org.tw
臺北市信義路三段 134 巷 7 號
02-2162-2400
可搭捷運木柵線至大安站，步行約 5 分鐘可達。

1▶3 入境文件

　　過去入境美國需填寫兩份表格，一份是美國海關申報單（Custom Declaration），另一份是俗稱白卡的美國出入境證明單（I-94 Form），移民局官員會檢查這兩份表格，並決定你是否可以進入美國與可停留的長度。然而自2013年4月底起，美國進一步簡化入境程序，由海、空進入美國的旅客，僅需填寫淺藍色海關單，不再需要填寫紙本的I-94，美國海關及邊境保衛局將自動從旅客的電子行程取得相關資料，如由加拿大、墨西哥以陸路方式入境美國者，仍須填寫I-94。

　　旅客入境美國後，如遇極少數情況需要書面證據表明自己在美國的合法身分，可以出示護照上的出入境章，或是自行上網www.cbp.gov/I94填寫入境資料後取得I-94號碼並列印下來。

如有需要可線上列印I-94號碼

美國海關申報單（Custom Declaration）中文版範例，可對照英文版使用

DEPARTMENT OF THE TREASURY
UNITED STATES CUSTOMS SERVICE

海關申報　　　　　　　　　　　　　　　　　　標準的表格

19 CFR 122.27, 148.12, 148.13, 148.110, 148.111, 1498; 31 CFR 5316

OMB NO. 1515-0041

每個抵達的旅客或負責的家庭成員一定要提供以下的資料（每個家庭只需要填寫一份申報單）：

1. **姓氏**
   名字　　　　　　　　　　　　　西方人的中間名

2. **出生日期**　　日　　　　月　　　　年

3. 與您一起成行的**家庭成員**有幾位

4. (a) 美國**街道地址**（旅館名稱/目的地）

   (b) 城市　　　　　　　　　　　　(c) 州

5. **護照發照國**

6. **護照號碼**

7. **居住國家**

8. 此次**抵達**美國之前**到訪**的國家

9. **航空公司/班機號碼**或**船隻名稱**

10. 此次旅行的主要目的是**商務**：　　　　　　是　　否

11. 本人（我們）有攜帶
    (a) 水果、植物、食物、昆蟲：　　　　　　是　　否
    (b) 肉類、動物、動物/野生動物產品：　　　是　　否
    (c) 疾病因子、細胞培養物、蝸牛：　　　　是　　否
    (d) 泥土或曾經在農地/牧場/畜牧場待過：　是　　否

12. 本人（我們）曾經接近過牲畜（例如觸摸或處理）**牲畜**：　　　是　　否

13. 本人（我們）攜帶超過美金10,000元或等值外幣的貨幣或**帶值票據**：（請參閱反面的幣值票據定義）　是　　否

14. 本人（我們）有**商業用品**：（銷售物品、招攬訂單用的樣品、或非個人用的物品）　是　　否

15. **居民**－本人/我們在海外購買或獲得（包括別人給的禮物，但不是郵寄到美國的物品），並攜帶到美國的**所有物品總價值**，包括商業用品：　　　　　美元

    訪客－所有將留在美國的**所有物品總價值**，包括商業用品：　　美元

請詳細閱讀本表格後面的說明。您可以在空格處列出所有需要申報的項目。

本人已閱讀過本表格反面的重要資訊，並做了誠實的申報。

X _____（簽名）_____

日期（日/月/年）

TA 1280　　　　　　　　　Customs Form 6059B Chinese (Traditional) (11/02)

美國海關服務處歡迎您來到美國

"美國海關服務處"負責預防違禁物品非法進入美國。海關官員有權可以向您進行盤尋以及檢查您和您的個人物品。如果您是被選擇做檢查的旅客之一的話，我們會以禮貌、專業、和尊重的態度對待您。"海關督察員"和"旅客服務代表"可以為您回答問題。您可以利用意見卡來提供意見回饋。

重要資訊

美國居民－申報您在海外獲取並攜帶進入美國的所有物品。

訪客（非居民）－申報所有將留在美國之物品的價值。

在這張表格中**申報所有的物品**並以美金價值填寫。若是禮物，請以零售價值填寫。

稅金－稅金由海關官員決定。美國居民通常有資格隨身攜帶價值800美元的免付稅物品。訪客（非居民）通常有資格攜帶價值100美元的免付稅物品。超過免付稅價值的第一個 1,000 美元將以目前的利率計算稅金。

管制物品、猥褻物品、以及毒性物品一般是禁止攜帶入境的。

謝謝，歡迎來到美國。

攜帶貨幣或**帶值票據**，不論金額多少，都是合法的。但是，如果您攜帶進入美國或從美國帶出超過 10,000 元（美金或等值外幣，或者兩者的組合），根據法律規定，您需要向"美國海關服務處"以"海關表格 4790"（Customs Form 4790）提出報告。帶值票據包括硬幣、貨幣、旅行支票和持票人形式的流通票據，例如個人或銀行本票、證券或債券。如果是他人替您攜帶貨幣或幣值票據，您也一樣必須用"海關表格 4790"申報。沒有提出必要的報告或申報您攜帶物品的總價值可能會導致所有的貨幣或幣值票據被扣留，並且，您也可能會受到民事和/刑事的制裁。閱讀過以上的重要資訊並做出誠實的申報後，請在本表格反面簽名。

物品描述（您可以使用另外一張"表格 6059B"來繼續列出物品）　　價值　　僅限海關使用

總價值

減少紙上作業法案通知：1995 年的"減少紙上作業法案"說明，我們一定要告訴您，我們為什麼收集這些資料、我們將如何使用這些資料，以及是否需要要您提供此資料。本表格為執行海關法律所需。"海關"、"農業"、和貨幣法所所需的，海關需要此表格上資料與貨幣服務處的資料並執行這些法律。您且可以讓我們計算和收取正確的關稅以及其他款項的 OMB 控制號碼，否則我們不可以實施或實行這些收集。雖然人令不要棄答資料的收集，但個人的情況而言，有關此資料的收集、每個做記錄保存平均估計需要四分鐘時間來完成。有關此時間估計或其他任何方面及以及對大或時間的建議請送至此處：U.S. Customs Service, Reports Clearance Officer, Information Services Branch, Washington, DC 20229; 以及 Office of Management and Budget, Paperwork Reduction Project (1515-0041), Washington, DC 20503。未經美國海關表格管理人的核准，不可擅自複製此表格。

美國海關申報表填寫注意事項

· 隨身攜帶的錢款數額不受限制。但如所攜現款、旅行支票或其他有價票證的數額超過一萬美金，須向海關申報，否則可能被沒收。

· 攜帶總價值不超過100美金的禮品入境美國，無須繳納關稅。

· 不可攜帶包括水果、蔬菜、肉類或農作物等食物進入美國。

· 以某些特定動物為原料的產品禁止帶入美國。

· 任何含有麻醉成分的藥品、或注射藥物均須附上醫生開示的處方證明。

1▶4 其他旅行相關文件

海外旅行平安保險

旅遊平安險約略可分為三種：

1. 飛行平安險：僅涵蓋搭機時飛機起降期間。
2. 旅行平安險：涵蓋旅途中意外身故或殘障、傷害醫療給付的全程保障。
3. 綜合旅行險：最完整的旅遊保障，包含上述兩項及涵蓋海外突發疾病或海外緊急救援需求。

　　國內各家產、壽險公司都有賣旅平險，打電話或網上投保均可，機場也設有櫃檯，但臨櫃購買價格較高。壽險公司旅平險以人身保障為主；產險公司提供的旅平險，除了人身保障之外，還可擴及個人責任保險及旅遊不便保險等。

　　許多信用卡公司提供刷卡付團費或機票就附贈旅遊不便險的優惠，但多僅限於搭乘飛機期間及部分交通工具發生意外時，且限制繁多，最好還是依個人需求、旅遊行程及天數、當地的治安等情況，來決定是否要自費投保「旅遊平安險」。

外交部旅外國人動態登錄系統

　　外交部領事事務局網站（www.boca.gov.tw）設有旅外國人動態登錄系統，供國人出國前上網登錄個人與緊急聯絡人資料，登錄完成資訊將自動傳輸至駐外相關館處。萬一於海外遭逢急難或當地爆發災情時，中華民國駐外館處可即時主動與海外國人及其國內親友取得聯繫。

機場的旅遊平安險銷售櫃檯

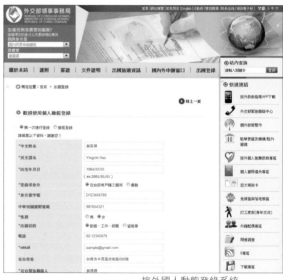

旅外國人動態登錄系統

該局亦提供「旅外救助指南」（Travel Emergency Guidance）智慧型手機應用程式（APP）免費下載。另外，建議一併下載與列印「旅外國人急難救助卡」隨身攜帶備用。

機場資訊櫃檯可以索取旅外國人急難救助卡與外館通訊錄　　　在美國租車需出示國際駕照

辦理國際駕照

　　攜帶身分證、護照、駕照正本、六個月內拍攝之2吋相片2張及規費新臺幣250元到全國各地監理所辦理，可以立即領照，使用時必須附上本國駕照備查。

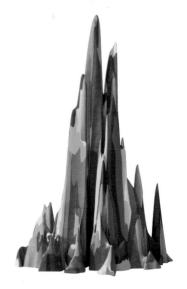

Step 2
美國機票怎麼買

2▶1 航班查詢

　　由臺灣出發前往美國,可搭乘華航、長榮航班飛東岸的紐約或西岸的洛杉磯、舊金山、西雅圖等大城市後再轉搭內陸線,或是選擇搭乘聯合航空、達美等國際航班,途經日本等第三地轉機往返。

　　透過旅行社或在旅遊網站訂位前,可以先上Abacus或Amadeus線上航空班機查詢系統,查詢各家航空公司詳細的航班資訊,如時刻、航班號碼、旅行時間、機型和各艙等剩餘座位數,再配合自己的行程安排從中選擇理想的航班。

DATA
線上航空班機查詢系統
📧 Abacus 中文全球航班查詢:flight.abacus.com.tw
📧 Amadeus 亞瑪迪斯中文線上航班查詢:www.amadeus.com.tw/tk

長榮航空出境報到櫃檯

Info

使用Abacus系統查詢航班

❶ 選擇出發地、目的地及旅遊期間，航空公司欄位可指定或留空。

❷ 送出查詢後，系統會條列出所有符合需求的航班資訊。

033

2▸2　購買國際與美國內陸機票

臺灣飛美國的國際線機票可以透過國內知名自助旅行大站「背包客棧」上的便宜機票比價服務（www.backpackers.com.tw/forum/airfare.php），來查詢和快速比較各家旅行社／旅遊網站所提供的機票價錢，或是直接向旅行社詢價後委請訂位開票。

美國內陸機票可於購買國際線機票時一起請旅行社代訂，如想要找到低價的票源，可另外自行於美國網站購票。

Step 3
規畫旅行費用

　　美金對新臺幣的匯率約為1：30，在美國兌換外幣易被收取高額手續費，建議在臺灣就先換好美金或旅行支票備用。

　　大城市的物價一般較高，稅也較高，而住宿及交通是美國旅遊主要花費所在，住宿依等級、交通便利度和離市中心或熱門景點遠近而定，範圍從數十美金到上千美金；交通花費取決於停留天數，經濟型租車費用一天約在25～50美金，且需將停車費納入考量，大眾交通工具相對便宜許多，單日可控

機場的臺灣銀行外幣兌換窗口

Info
TaiwanRate 各家銀行外匯匯率比較
網址：www.taiwanrate.org
　　選擇欲兌換之幣別標籤，如「美金匯率」，即可立即了解當日在哪家銀行購買會比較便宜唷！

制在10美金左右或可購買優惠套票；若飯店提供免費早餐，不妨享用後再出門，中餐輕簡可以節省旅遊時間和有較寬裕的預算留給晚餐或攤販、點心；購物預算取決於個人喜好與品牌等級，尋找各知名品牌折價券和促銷優惠資訊可上www.fatwallet.com。

生活娛樂物價簡表	
品項	起價（美金）
一加侖鮮奶	$3.29
一條吐司	$1.50
一加侖汽油	$3.80
一小時路邊停車	$2
平信郵資	$0.44
電影票	$7～10
紀念衫	$10～15
便利商店三明治	$5
瓶裝水20 fl oz	$1
麥當勞大麥克餐	$6
地方報紙平日／周日	$0.75／$2
球賽門票	$9
參觀博物館	$2～20

　　美國消費方式多以信用卡為主，現金為輔。多數商家也接受現金卡、旅行支票、個人支票。

3▶2　花費方式

現金

　　勿攜帶大筆現金，避免引人覬覦，所攜現金面額單張最好不要大於50美金，否則容易遇到店家拒收或攤販無法找零的情況。必定要準備一些小額鈔票及零錢，如5美金、10美金及數張1美金，以便投飲料販賣機、公用電話，或是應付乞丐。

信用卡與現金卡

　　信用卡是美國最為普遍的付費方式，店家門口或收銀機上會有標示收受的卡別。不論

是網路購票，或是訂房租車，通常需以信用卡完成付款，入住旅館和取車時信用卡也常被用來作為身分證明。另外，使用臺灣發行之信用卡必須注意，因隔月結算，故採用消費當月的最高點匯率。

　　使用國際現金卡可以在國外的ATM直接提取本國帳戶內存款，手續費與匯率各家銀行不一。中華郵政和國內多家銀行有發行VISA金融卡，使用方式如同信用卡，刷卡時直接由臺灣帳戶內餘額中扣款，可在有VISA標誌的商家使用，非常方便。

旅行支票

　　廣受歡迎的外幣攜帶方式，安全可靠，可在銀行外匯部門和機場兌換櫃檯購買，使用上如同現金，倘若遺失可以憑票號辦理掛失補發。但必須注意在使用上有些限制，如店家可能會要求出示身分證明文件，以及在攤販、小餐館、計程車可能無法使用。

自動提款機

　　美國的自動提款機會清楚標示ATM，可見於銀行、超市、購物中心和便利商店等處，操作方式與臺灣相近，大部分ATM插卡後立即拔出，待輸入密碼（PIN）即可使用。

美國銀行的自動提款機

ATM顯示用語中英對照表	
英文顯示	中文
English/ Español	英文／西班牙文
PIN/ Passcode	密碼
Transaction	交易
Checking Account	現金帳戶
Saving Account	存款帳戶
Balance Inquiry	餘額查詢
Transfer	轉帳
Amount	金額
Receipt	收據／明細表
Clear/Incorrect	清除／更正
Cancel	取消

認識美金貨幣：紙鈔、硬幣

美國近年改版鈔票，增強防偽功能，色彩越來越多，但主要的人像都不變。

由左側上至下分別為：

$100　班傑明・富蘭克林——美國首位郵政局長

$50　尤里西斯・葛蘭特——美國第十八任總統

$20　安德魯・傑克森——美國第七任總統

$10　亞歷山大・漢密爾頓——美國開國元勳，首任財政部長

$5　亞伯拉罕・林肯——美國第十六任總統

$2　湯瑪斯・傑佛遜——美國第三任總統，《獨立宣言》起草人

$1　喬治・華盛頓——美國首任總統

美金現行貨幣中硬幣有六種面額（圖片中由左到右）分別為：

1美分硬幣→penny 便士（1 cent／1分）亦可寫作1¢或$0.01

5美分硬幣→nickel 尼可（5 cents／5分）亦可寫作5¢或$0.05

10美分硬幣→dime 達姆（10 cents／1角）亦可寫作10¢或$0.10

25美分硬幣→quarter 夸脫（25 cents／2角5分）亦可寫作25¢或$0.25

50美分硬幣→half dollar 哈府（50 cents／5角）亦可寫作50¢或$0.50

1美金硬幣→dollar 元（100 cents／100分）郵局販賣機找零時會給1元硬幣唷！

美金硬幣的大小並不是依照面額，最大的是50美分硬幣其次才是1元，再來是25美分＞5美分＞1美分＞10美分。

在這眾多硬幣中，最最實用又好用的莫過於是價值25美分的quarter，有很多人熱中收集各州quarter，這是由於美國鑄幣局的紀念幣發行計畫，從1999年開始到2008年的五十州紀念幣，依各州加入美國聯邦之日期先後順序，每年出五州的State Quarter，正面圖案均為美國國父兼第一任總統——喬治・華盛頓的肖像，背面則是各州地理風景或特色人物、光榮歷史，2009年發行美國哥倫比亞特區及自治領地六款紀念幣，2010年起至今每年發行五個美國美麗國家公園紀念幣，收集起來既充滿趣味，也增進對美國各地風土民情的認識。

25美分五十州紀念幣收集冊

Step 4
行李準備

行李檢查表	
【隨身攜帶的重要文件／證件】	
□護照、簽證	文件影印兩份留底，一份放置家中，並告知家人存放位置，另一份隨身攜帶與正本放置在不同地方，萬一行李遺失或遭竊時可以提出影本申請補發。
□機票	
□海外旅平險保單	
□現金、旅行支票、信用卡	建議準備一些小額鈔票，旅行支票抄下購買時水單與支票號碼備用。
□貴重物品	高價飾品、手機、數位相機、筆電、iPod等。
□住宿地點資訊	網址、地址、電話和訂房確認號碼。
□通訊錄和緊急聯絡電話號碼	個人通訊錄及中華民國駐美代表處緊急電話。
□國際電話卡	可先在臺灣就購買一或兩張備用。
□國際駕照及臺灣駕照	持國際駕照可在華盛頓特區駕車。
□國際學生證（若有）	可作為護照以外的身分證明文件，部分旅遊景點憑證提供購票或入場的優惠。
□2吋照片數張（備用）	需申請補發文件時會用到。
□個人醫藥包	如有定期服藥者，請攜帶足量的藥物，並請醫生開立處方箋備用，並依個人狀況準備一些常用藥，如胃藥、止痛藥、暈車藥、蚊蟲咬傷外用藥、OK絆等。

【托運行李】	
□衣褲	短袖上衣、薄長袖上衣或襯衫、短褲（裙）、長褲（牛仔褲、運動褲）。
□正式服裝	參加宴會、Party或至正式餐廳用餐時用。
□薄外套	飛機、巴士或冷氣較強的室內可穿。
□厚外套或毛衣	視將要前往的地方評估是否需要準備。
□外出鞋、拖鞋或涼鞋	適合步行鞋子一雙、穿脫方便的拖鞋或涼鞋一雙。
□內衣褲、襪子	依旅程天數決定攜帶數量。
□遮陽帽與防曬乳液	長時間待在戶外容易曬傷，須做好防曬。
□盥洗用具、針線包、萬用刀	任何銳利的物品，都請放在行李箱托運，指甲刀也是喔！

【其他參考物品】		
□筆記型電腦	□底片或備用記憶卡	□地圖、旅遊書／資訊
□輕便雨衣和折疊傘	□衛生紙、隨身包面紙	□梳子、髮夾、髮帶
□手電筒	□鬧鐘、計算機	□小型吹風機
□小塑膠袋數個	□單層睡袋	□太陽眼鏡
□游泳衣褲	□隱形眼鏡、備用眼鏡	□保養用品
□衣物壓縮袋數個	□男性刮鬍刀（需托運）	□免洗內褲
□行李鎖	□女性生理用品	□隨身水瓶
□翻譯機或隨身字典	□文具用品、筆記本	□中國風小紀念品
□少許泡麵或臺灣食物	□電湯匙、筷子	□備用新臺幣

4▶1 托運行李限制

　　往返美國的國際線航班，行李限重規定一般為托運兩件，每件限重23公斤（50磅），隨身行李一件，大多不嚴格限重但須注意尺寸的規定，一般以可以放在座位上方行李艙及座椅下空間為簡易準則，但仍須留心各家航空公司規定。大多內陸段的行李托運會另外收費，除非國際線與內陸線行程為同一本機票或接續的行程，打包行李時應以符合個人實際需求為主盡量簡化。

達美航空隨身行李測量標準

季節衣著

　　美國多數地區四季分明，大陸性氣候顯著，溼度較低，相對於臺灣海島型氣候而言，較為乾爽，出發前先查詢當地天氣狀況與未來數日的預報。一般而言，冬季時，以多層次的穿法最為保暖，需兼顧保暖、防風，大衣或防風外套、手套、帽子和圍巾都建議準備；夏季時，衣著宜重輕便涼爽，透氣排汗的材質是首選；春秋兩季最為舒適，若稍感涼意添加薄外套即可應付，唯初春與深秋日夜溫差大，建議著薄長袖與攜帶外套，以免受寒。

行李箱選擇

　　堅固耐用的輪子及質輕材質是挑選的首要考量，其次是決定硬箱或軟箱，這兩者最大的差別在於擴充性與容量。硬箱的對開形式使得收納與取用行李相對方便，但無法擴充；多由上方開啟的軟箱容量較大且可填塞，但整理與拿底層物品不易。長程旅行、轉機次數多時，推薦使用硬箱，托運過程中不易變形，可妥為保護內容物。

　　旅行箱的大小可依照旅遊天數來選擇合適尺寸，三天內短暫停留可選擇小型20吋或以下，四至五天可選擇中型22～24吋，超過一周以上，則建議選擇26～32吋的大行李箱，如考量托運行李限重也可作一中一小或一大一中搭配。

　　另外，根據美國運輸安全管理局（TSA）的建議，為便於檢查，乘客所攜帶的行李不要加鎖，若有意將行李上鎖防竊，強烈建議使用功能及規格符合TSA運輸安全局認證的安全鎖，一般通稱「海關鎖」，鎖頭上方有紅色菱形標誌作為識別，因911恐怖攻擊事件後，美國全面提升各入出境港口的防恐及安全檢查層級，為幫助行李通關檢查進行之順暢，TSA建議上鎖的行李應使用經過其核可的行李箱鎖，當海關人員認為行李中有可疑物品需要開箱檢查，便可直接使用專門的鑰匙開啟，倘若需要受檢但非使用海關鎖，美國海關將有權強行破壞鎖頭或行李箱且不負責賠償損失。

行李箱大小材質選擇多樣

TSA海關鎖以紅色菱形標誌識別

攝影器材

　　旅遊參觀景點時多步行為主，很多時候可能一整天都在走路，故攝影器材以輕便易攜帶為原則。美國電池與軟片售價較臺灣高，且臨時需要不一定可立刻購買到，建議備用電池至少兩組，軟片盡量多帶。如果使用的是數位相機或數位單眼相機，大容量的記憶卡數張是必要的，若有攜帶小筆電方便回存，則多一張備用即可。

電壓

　　美國電壓與臺灣相同，為120伏特60瓦，臺灣電器在美均可直接使用。

4▶3　美國門號預付卡

　　出發前可先在臺灣購買美國手機預付卡，如AT&T門號SIM卡或T-Mobile門號SIM卡。美國行動電話信號頻率為850或1900，若有三頻或四頻的手機抵美後插卡即可使用。在美旅遊時與臺灣家人聯繫或當地購票、訂位都方便很多。

　　使用美國門號預付卡再搭配一張國際電話卡，是目前最為經濟實惠的方式。若在抵美後才購買預付卡，大賣場如Walmart和Target的通信部門，均提供多種短期和低價預付卡方案，許多超市和商店也有販售預付卡手機，低階基本款售價約在10～20美金間。美國手機採雙向計費，撥打與接聽都會扣分鐘數，建議多利用免費或優惠時段，多為晚上9點後至隔日早上7點及周末。

可購買無綁約的手機和門號搭配預付卡使用

Step 5
決定住宿型態

　　在美國有很多類型的住宿可供選擇，從高檔豪華的大飯店、度假村，中等價位和經濟型連鎖旅館、汽車旅館、特色民宿，到廉價的青年旅館床位與免費借宿的沙發衝浪等，無論停留時間長短，住宿都絕對是規劃行程時必須詳加考慮的重要因素。除了其所占的旅遊預算比重極大之外，住宿經驗的好壞與否也往往影響這趟旅程的整體品質與心情感受，而周遭環境的安全性更是應放在首要考量。

美國常見的連鎖旅館Days Inn

飯店／旅館&度假村（Hotel & Resort）

　　飯店涵蓋的範圍很廣，客房類型則依房價分為數種等級，價位越高所享受到的服務越完善，價位低的客房以符合旅客一般基本需求為主，多數的飯店提供雙人床或兩張單人床的選擇，衛浴設備、電視、冰箱、咖啡機和網路幾乎是基本的配備，有些飯店會附贈早餐，以及可免費使用其附設商務中心、游泳池與健身房等設施。喜歡舒適家庭感覺的人可選擇有客廳、餐廳，附設有全套廚房和洗衣設備等的公寓度假村，這類大型住宅式度假酒店多建在風景如畫的旅遊勝地，提供的娛樂休閒設施常包括室內外網球場、游泳池、兒童遊戲場及健身房等。

位在奧蘭多的大型度假村

汽車旅館（Motel）

Motel 6和Super 8是美國最知名常見的兩家連鎖汽車旅館，主要的客群為開車旅行的人，方便旅人夜間投宿休息。不需要預訂，只要有空房便可入住，判別方式是招牌上的霓虹燈，Vacancy表示有空房，No Vacancy表示客滿。汽車旅館多是公路旁的簡單一層樓建築搭配停車場，車子就停在房門口，價位通常較低廉，房間內只有如床和桌椅的陽春擺設，住宿品質無法期待過多。

康州5號公路旁的汽車旅館霓虹招牌

青年旅館（Youth Hostel）

低預算背包客首選，類似宿舍的住宿類型，投宿者來自四面八方，常是當地自助旅遊的資訊交流中心，有很多機會結識其他旅者，分享彼此旅遊經驗。旅客租用的是一張床而非一個房間，通常是上下鋪，共用的浴廁、休息室和廚房，雖名為青年旅館，但實際上並無住宿年齡限制，並可線上預約床位，非常方便。

有意投宿青年旅館，建議預先辦理好國際青年旅館卡，方可住宿並享相關優惠。辦卡方式可上中華民國國際青年之家協會網站（www.yh.org.tw）查詢。

紐約市青年旅館的上下鋪床位

民宿B&B

B&B指的是Bed & Breakfast，由房屋主人自己經營、私人住宅或少於十個房間的住屋，提供房間並包含早餐的服務。早餐和房間的整理布置都是由主人一手包辦，又可概略分為兩種類型，一種是主人將家中多餘的空房挪出作為客房，提供比較家居的生活空間；另一種是房間數較多經營方式近似於一般旅館；後者價錢常與一般經濟型旅館差不多，甚至更高，但提供更貼心與人性化的服務。

華盛頓D.C.附近民宿：May姐的家

DATA

青年旅館（Hostelling International）
🖥 www.hihostels.com
$ 25～45美金

民宿查詢
🖥 家居型民宿查詢：www.airbnb.com
🖥 旅館型民宿查詢：www.bedandbreakfast.com

沙發衝浪

　　沙發衝浪（CouchSurfing，網址：www.couchsurfing.org），是世界各地的會員之間交換免費住宿，省錢又兼具文化交流的旅行方式，在年輕人和自助旅者間非常受歡迎。註冊成為會員後，可瀏覽其他會員的資訊及過去住客的心得與評分，當尋找到合適的借住人家，再去信詢問是否方便留宿，有時沙發主人還願意主動提供導覽和接送機呢！

5▶2 如何選擇住宿

　　設定好前往的城市景點與各站停留天數後，便可以先收集資訊，透過訂房比價網站了解有哪些選擇，如旅館的地理位置、設備、過往旅客評價，避免一心只想找最低價而誤入治安不佳區域，閱讀前人評論將能對旅館內部實際情形與服務人員良莠有初步概念，在地圖上找出住宿點位置則對於了解與市區、景點距離和鄰近交通如車站位置等很有幫助，如遇需臨時尋找住宿，詢問當地店家推薦和取得在地的情報，會比碰運氣隨意任挑一間旅館住住看要來得妥當。

知名國際品牌旅館：Marriott萬豪酒店

5▶3 如何預訂住宿：搜尋比價／詢價訂房及確認

　　預訂住宿可以透過網路、電話、E-mail和傳真的方式。

　　網路比價後以信用卡線上訂房為最便捷的方式，任選兩個旅館比價網站，輸入相同的搜尋條件，便可交叉比對出最有利的訂房條件，建議出發前就完成抵達當天房間的預訂。若已有指定的旅館可直接上官方網站查價和完成預訂，比價網站上也可直接輸入旅館名稱查詢，一般來說價錢會較優惠。無論是以何種方式預訂，都要將訂房確認碼抄寫下來或將確認信列印出來，方便check in時櫃檯可迅速查閱到訂房紀錄，並且要記得攜帶訂房時所使用的信用卡作為身分證明。

DATA
旅館比價與訂房網站
📧 www.booking.com
📧 www.hotels.com

Double Room雙人房型

ROOM TYPES	房間類型	房間配置
Single Room	單人房	一張單人床，一個人住
Double Room	雙人房	一張雙人床，兩個人住
Twin Room	雙人房	兩張單人床，兩個人住
Triple Room	三人房	三張單人床，三個人住
Family Room	家庭房	一張雙人床加一張單人床，三個人住

訂房網站：網路訂房Step by Step

Step ▶▶1 以在booking.com查詢房價和訂房作為範例：

1. **Destination/Hotel Name**？ San Francisco, California, U.S.A.。

2. **Check-in Date**日期？ Tue 1 July 2014，**Check-out Date**日期？ Thu 3 July 2014，兩晚。

3. **Guests**？兩個成人，一間房間。

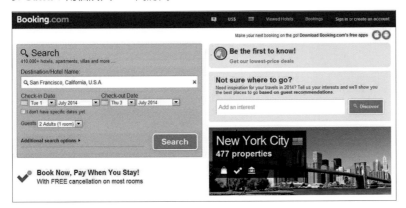

Step ▶▶2 按下搜尋之後，網站列出所有可預訂的旅館名稱、所在區域和價錢，點選可以看詳細的資料，左邊長條方塊中可依需求如低價至高價、星等、住客評比來顯示排序。

選定旅館後，按下右上角Book Now。

輸入信用卡與地址，中文地址英譯可以上郵局網站查詢。再次確認資料與金額無誤後，按下Submit Booking即可完成預定。

進入資料填寫頁面，確認各項資料、房型與價格是否正確，輸入姓名與電子郵件，選擇早餐與網路服務後送出。

E-mail或傳真訂房範例

務必先向旅館確認房價後再訂房，如有特殊要求一併在訂房需求表內提出，收到旅館回函後再次核對日期、個人資料和金額，如有疑問立即向旅館提出。列印旅館回函作為訂房紀

錄並攜帶出國,如遇到取消訂房情況,儘快向旅館告知並取得取消確認信,日後若有爭議可提出,有的旅館會收取臨時取消的手續費。若未入住也未完成取消動作,旅館仍會向登記的信用卡收取費用。

Date日期:

To Whom It May Concern,

I would like to reserve accommodation for (room type房間類型,如single單人房、double雙人房、suite套房) bedroom in your hotel for (number幾個晚上) nights for (number客人數) guests.

Arrival date will be on (date入住日期) at approximately (time時間).
Departure date will be on (date 退房日期) at (time 時間).

Special request   特殊要求:

Please charge my credit card for the initial deposit required. Include any discounts that my early registration permits.
Credit card   信用卡種類:VISA/ MASTER/ JCB/ AME
Credit card number   信用卡號碼:
Exact name on the card   持卡人英文姓名:
Expiration date   到期日:

Thank you for your prompt attention to the above, I look forward to receiving a letter confirming my reservation.

Kind Regards,
Your name 英文姓名
Address   地址, email   電子郵件, phone   聯絡電話, fax   傳真號碼

　　若沒有傳真機或想節省高昂的跨國傳真費用,faxzero.com提供免費線上傳真服務,操作介面非常簡單,只需填入基本資訊及對方的傳真號碼,接受Word檔和PDF檔上傳。一個電子郵件帳號一天最多可傳兩則傳真,傳真成功與否會以電子郵件通知,但必須特別註明請對方以電子郵件回覆確認。

Step 6
收集行前資訊

出發前的資訊收集與行程規劃

　　網路是便利的旅遊資訊收集管道，許多旅遊網站和論壇都有
豐富的資源和玩家經驗分享，自助旅者們所經營的個人部落格更
是獲取寶貴資訊的好去處，若要取得最新且正確的訊息，不妨瀏
覽美國的旅行及旅遊官方網站Discover America。

DATA
Discover America
www.discoveramerica.com

　　行程規劃上，第一次到美國建議先選定東岸或西岸，再決定一個主要城市遊玩，時間
充裕者可再搭乘內陸飛機前往其他有興趣的城市，或是安排長程的公路旅行，若只能短暫
停留，建議挑選代表性景點進行重點式遊覽，或是專注在鄰近區域內的景點，以節省交通
往返時間。

　　預先安排好住宿和線上完成租車手續、藝文表演和交通工具票券訂購等，將有助於決
定遊玩方向、路線，以及大幅減少旅程中的不確定性。

遊客服務中心／報章雜誌與免費廣告箱

　　遊客服務中心是最佳收集旅遊資訊的地方，免費觀光手冊、印刷精美的地圖、地鐵
與公車的路線圖，還有住宿、餐廳、購物和鄰近地區旅遊資訊，也常會不定期的提供優惠
券，或是贈送歡迎小禮物或紀念品。任何旅遊方面問題都可向親切友善的服務人員詢問或
請其給予建議。機場、轉運車站、各城市觀光區內或主要地標都常有遊客服務中心設立。

紐約時代廣場的活動式資訊站　　　　　　　　　　　　免費廣告箱裡時有當地生活資訊

　　周日報紙和區域性雜誌會刊登美食、娛樂、藝文相關文章與最新活動情報，路邊五顏六色廣告箱內和早上地鐵外發送的免費資訊報，常刊載有豐富的娛樂藝文資訊、推薦行程和各種優惠，也是取得在地生活資訊的絕佳來源。

Info

實用網路資訊

☆ About.com美國旅遊：usatravel.about.com
☆ alex & mina的明信片遊記：www.sending-postcards.com
☆ AOL旅遊指南：travel.aol.com/travel-guide/united-states/
☆ Donna & Alan的世界行腳：myitchytravelfeet.com
☆ Fodor's 旅遊指南：www.fodors.com
☆ Trip Advisor旅遊指南：www.tripadvisor.com
☆ USA TODAY旅遊指南：www.usatoday.com/travel
☆ 美國國務院國際旅遊資訊：travel.state.gov
☆ 美國國家公園管理處：www.nps.gov
☆ 背包客棧：www.backpackers.com.tw

Step 7

掌握當地資訊

7▶1 實用資訊

單位換算

長度			
美國單位	公制單位	公制單位	美國單位
1英吋	2.54公分	1公分	0.39英寸
1英呎（12英吋）	30.48公分	1公尺	3.28英呎
1碼（3英呎）	0.91公尺	1公尺	1.09碼
1英哩（1760碼）	1.61公里	1公里	0.62英哩
重量			
美國單位	公制單位	公制單位	美國單位
1盎司	28.35公克	1公克	0.035盎司
1英磅（12盎司）	0.45公斤	1公斤	2.21英磅

溫度對照表及換算公式		
常用對照	攝氏	華氏
冰點	0˚C	32˚F
室溫	20˚C	68˚F
正常體溫	37˚C	98.6˚F
大熱天	40˚C	104˚F
沸點	100˚C	212˚F

˚C＝（˚F－32）÷1.8　例如：（68˚F－32）÷1.8＝（36）÷1.8＝20˚C

˚F＝（˚C×1.8）＋32　例如：（20˚Cx1.8）＋32＝（36）＋32＝68˚F

體積容量			
美國單位	公制單位	公制單位	美國單位
1加侖	3.79公升	1公升	0.26加侖
1品脫	0.47公升	1公升	2.11品脫

美國消費稅

　　全美各州與城市稅率不一，與臺灣的加值稅體制不同之處在於美國銷售稅（Sales Tax）是在結帳時才另外打上，以價格的百分比計算，舉例來說，在稅為6%的地區購買一張標價為1美金的明信片，稅後需支付1.06美金。

　　觀光客喜愛前往的美國幾個州基本稅率為，紐約州4%、加州7.25%、賓州6%、華盛頓D.C. 6%等。但隸屬州下的地方政府或城市可增收地方稅，意即消費者需同時支付州稅加上地方稅，如在紐約市消費將付4%（州）＋4.875%（地方）＝8.875%的稅，洛杉磯為7.25%＋1.5%＝8.75%、西雅圖6.5%＋3%＝9.5%，且各州可針對特定項目徵收不同稅率之銷售稅，例如：華盛頓D.C.之餐飲、酒精飲料及租車稅為10%，旅館稅為14.5%，但雜貨如生鮮蔬果、麵包、牛奶、蛋、起士等則免稅。

　　觀光方面如遊樂園門票、交通票券、市區觀光之旅等消費一般不打稅。另外有幾個免稅州，美東的德拉瓦、美東北的新罕布夏、美西的奧勒岡與新罕布夏、美中西部的蒙大拿，尤其是德拉瓦與奧勒岡因交通較便利更是被視為購物天堂（註：稅率可能變動，以上資料僅供參考）。

如何給小費

　　小費是美國消費文化裡的重要環節，但如何給小費並無絕對標準，可參考以下建議。

051

```
ERNIES ORIGINAL CR
     1743 KING ST
ALEXANDRIA, VA 22314

TERMINAL I.D.:        73024641
MERCHANT # :      797900335846

02/20/12          1:03 PM

MASTERCARD
************6579
SWIPED

SALE
BATCH: 000366
INV:000003

AUTH: 53441B
RRH: 205119208677
AVS: 0

BASE            $68.13

TIP        $    10 00

TOTAL      $    78 13


VINGCHI HAO

        THANK YOU!

      CUSTOMER COPY
```

午餐給15%小費簽帳單寫法

建議小費金額對照表	
服務項目	建議金額
餐廳服務生	15～20%
吧檯服務生	酒精飲料每（杯）輪1～2美金或15～20%／非酒精性飲料每杯0.50美金
計程車司機	5～10%／每件行李多加1美金
旅館門僮	幫忙搬行李或代叫計程車1美金
旅館行李員	送行李入房每件行李1美金／只有一件行李給2美金
旅館房務員	每房每晚留2～5美金
衣帽間人員	每件大衣或外套1美金
客房服務	15～20%
理髮師	15～20%／洗頭或修面人員另給1～2美金

　　餐點的品質好壞，服務生的態度和殷切與否是主要考量，一般情況下，服務生熱情招呼，用餐氣氛愉快，午餐小費約給12～15%，晚餐則是在15～20%。

　　除了速食店和少數特例之外，只要坐下來用餐，有人幫忙點餐上菜的，都應給小費，外帶一般是不需要另外給小費，直接付餐點的價錢或加1美金即可。

　　結帳的方式簡單列舉幾種如下：

· 信用卡：帳單過目後，將信用卡放在帳單夾內，服務生會先拿卡去刷，然後送上簽帳單（通常是兩張或一張是收據），Customer Copy自己留存，找出Merchant Copy是需要簽名還給餐廳的，上面會有餐點價錢，價錢下會有一欄位讓你自己填上小費，填完再自行加總得出總數，餐點費用和小費會全部由信用卡支付，通常服務生不會再過來，故離開前把已簽上名的Merchant Copy留在桌上即可。

· 現金（找零）：現金放入帳單夾內，服務生收走時可能會問是否要找零，回答是的話，服務生將拿回零錢並給收據，此時再自行決定要在桌上留下多少小費。

· 現金（不找零）：若是餐點價錢加上小費，接近一個整數，如25美金、50美金，服務生詢問時就告知不需找零即可，如不需收據便可離開，如需收據則告知，服務生將會再送來收據。

· 小費已含：有的餐廳會自動算好應給的小費，通常是15%或18%，在餐點價錢下會多一欄，寫Gratuity金額多少，底下又通常會有一欄位寫Tips，這時候可以直接加總餐點價錢和Gratuity得出總價，若覺得服務很好，小費那欄要自行另外多加也可以，從這個點開始，就回到前述的方式完成付款。

· 中國（日本／韓國）餐廳：通常在門口設有櫃檯，結帳時可請服務生拿帳單來，如前述方式付款，或是自己拿帳單去櫃檯結帳。吃完之後直接就走到櫃檯結帳也是可以，看此類餐廳的等級或實際情況而定。美國服務生的起薪較低，小費等於主要收入來源，不給小費基本上快要等同於吃飯不付帳，除非真的差勁到極點，還是要多少給點小費才不會失禮和遭人白眼。

在美國撥打電話

　　美國的國碼為1，電話號碼則不分市話或手機均為10碼，前3碼為區碼如（123）456-7890，同區內打本地電話撥號時不需加區碼直接鍵入後7碼即可，以800、888、877或866等作為區碼的為免付費電話，如同臺灣的0800。

▶▶ 使用公用電話

　　公用電話稱為Payphone（付費電話），由於近年來手機普及度高，投幣式的電話亭數量銳減，現多見於便利商店、街角、餐廳，以及機場、車站等交通轉運站。

機場設置的投幣式公用電話

　　付費方式有以下兩種：

・硬幣（Coins）：先拿起話筒看有無等待撥號音，本地電話至少需先投入25美分，長途電話需50美分，話機不收1美分硬幣，建議準備2美金零錢，投完幣後便可開始撥號。

・預付電話卡（Pre-paid phone card）：可在臺灣時就先購買好國際電話卡，如臨時急需也可在美國的便利商店內購得，需注意是否支援國際通話，先撥打卡上的免付費電話，依照指示輸入密碼PIN #，語音告知卡內剩餘分鐘數，即可開始撥打電話。

　　公用電話也可以接聽，話機上可以找到該臺電話的號碼，提供號碼給對方後，需等候在電話機旁或於約定時間回到電話旁以便及時接聽。

▶▶ 撥打美國電話

本地（Local）：直接撥7碼電話號碼

長途電話（Long-Distance）：先按1＋區碼＋7碼電話號碼

免付費（Toll-free）：先按1＋800＋7碼電話號碼

▶▶ 撥打國際電話

國際電話（International）：先按011＋國碼＋區碼＋電話號碼

例如：打臺灣市內／家用電話（02）2345-6789

輸入011＋866（臺灣國碼）＋2（臺北區碼）＋2345-6789

例如：打臺灣手機0920-123456

輸入011＋866（臺灣國碼）＋920＋123456

郵寄信件、明信片

想要寄封家書或漂亮的明信片給親朋好友時,地址要怎麼寫才正確?以下提供一些簡單的範例及說明供參考。

美國小鎮裡的郵局

►► 國際郵件橫式(西式)信封

收件人姓名、地址及郵遞區號書寫於中央偏右,寄件人姓名、地址及郵遞區號書於左上角或背面。

書寫順序如下:
第1行:收件人姓名。
第2行:門牌號碼、弄、巷、路街名稱。
第3行:鄉鎮、縣市、郵遞區號。
第4行:國名。

►► 國際明信片書寫方式

明信片因空間有限,建議只寫收件人姓名、地址,若希望兩者都寫,最好註明「To」和「From」,減少郵差誤會。

收件人地址應寫在右手邊的欄位,左邊一般為書寫信件內容的區塊,若是明信片上未做分欄線,收件人地址一樣是寫在靠右邊的空間,約是貼郵票處的下方。

· 郵局網站中文地址英譯:www.post.gov.tw/post/internet/f_searchzone/index.jsp?ID=190103

►► 書寫範例

Angel Hao 寄件人姓名
12345 American Avenue NW
Wash國名 DC 20016-1234
USA

地址,小到大排列,先門牌號碼後街道巷弄名
城市與州名及郵遞區號
(zip code)

Jaymee Hao 收件人姓名
4F-5 No 321 Example Road
North District Tainan City 70400
TAIWAN 建議寫TAIWAN即可不需加註
R.O.C.避免混淆

橫式信封

POST CARD
FOR CORRESPONDENCE   FOR ADDRESS ONLY

To: Jaymee Hao
4F-5 No 321 Example Road
North District Tainan City 70400
TAIWAN

AIR MAIL

明信片

7▶2 緊急應變

緊急聯絡電話

▶▶ 美國

遭遇各類緊急危難時立即撥打911（警察、消防、醫療），為在美國最快速取得救助的方式；非立即攸關生命存續的急難事件，如車禍、搶劫、被捕、嚴重意外或危險等情況發生，可先尋求管轄所在州的中華民國駐外館處或位在華盛頓D.C.的駐美國臺北經濟文化代表處協助，緊急電話：（202）669-0180。

遇到急難時可尋求駐美代表處協助

▶▶ 臺灣

因故無法就近向當地警察局求助或與駐外館處取得聯繫時，可親自或透過國內親友與「外交部緊急聯絡中心」聯繫。旅外國人急難救助全球免付費專線：800-0885-0885（您幫幫我、您幫幫我），24小時服務，臺灣境內撥打免付費，海外撥打須加臺灣國碼＋886，目前在美國僅限用市話撥打才能接通。

Info

中華民國駐美代表處及辦事處聯絡資訊

☆ 駐美國代表處
    網址：www.roc-taiwan.org/US
    電話：（202）895-1800
    地址：4201 Wisconsin Ave., N W Washington, DC 20016-2137
    轄區：華盛頓哥倫比亞特區、德拉瓦、馬里蘭、維吉尼亞及西維吉尼亞等五州

☆ 駐洛杉磯辦事處
    網址：www.roc-taiwan.org/US/LAX
    電話：（213）389-1215
    地址：3731 Wilshire Boulevard, Suite 700 Los Angeles, CA 90010
    轄區：南加州、亞利桑那及新墨西哥等三州

☆ 駐亞特蘭大辦事處
    網址：www.roc-taiwan.org/US/ATL
    電話：（404）870-9375
    地址：1180 West Peachtree St., Suite 800, Atlantic Center Plaza, Atlanta, GA 30309
    轄區：阿拉巴馬、喬治亞、肯塔基、北卡羅萊納、南卡羅萊納及田納西等六州

☆ 駐波士頓辦事處
    網址：www.roc-taiwan.org/US/BOS
    電話：（617）737-2050
    地址：99 Summer St. Suite 801, Boston, MA 02110
    轄區：麻薩諸塞、緬因、新罕布夏、羅德島及佛蒙特等五州

☆ 駐芝加哥辦事處

網址：www.roc-taiwan.org/US/CHI

電話：（312）616-0100

地址：Two Prudential Plaza 180 N. Stetson Ave., 57&58 FL Chicago, IL 60601

轄區：伊利諾、印第安納、愛荷華、密西根、明尼蘇達、俄亥俄及威斯康辛等七州

☆ 駐關島辦事處

網址：www.roc-taiwan.org/US/GUM

電話：（671）472-5865

地址：Suite 505, Bank of Guam Bldg. 111 Chalan Santo Papa Hagatna, Guam 96910

轄區：關島、北馬利安納群島邦、密克羅尼西亞聯邦

☆ 駐檀香山辦事處

網址：www.roc-taiwan.org/US/HNL

電話：（808）595-6347

地址：2746 Pali Highway, Honolulu, HI 96817

轄區：夏威夷州及美屬薩摩亞

☆ 駐休士頓辦事處

網址：www.roc-taiwan.org/US/HOU

電話：（713）626-7445

地址：11 E Greenway Plaza Suite 2006, Houston, TX 77046

轄區：德克薩斯、奧克拉荷馬、阿肯色斯、路易斯安那、密西西比等五州

☆ 駐堪薩斯辦事處

網址：www.roc-taiwan.org/US/MKC

電話：（816）531-1298

地址：3100 Broadway, Suite 800 Kansas City, MO 64111, U.S.A.

轄區：堪薩斯、密蘇里、科羅拉多、內布拉斯加、北達科他及南達科他等六州

☆ 駐邁阿密辦事處

網址：www.roc-taiwan.org/US/MIA

電話：（305）443-8917

地址：2333 Ponce De Leon Blvd., Suite 610 Coral Gables, FL 33134

轄區：佛羅里達州、波多黎各、美屬維京群島及巴哈馬等地

☆ 駐紐約辦事處

網址：www.roc-taiwan.org/US/NYC

電話：（212）317-7300

地址：1, E. 42nd St. New York, NY10017

轄區：紐約、新澤西、賓夕法尼亞及康乃迪克

☆ 駐舊金山辦事處
　　網址：www.roc-taiwan.org/US/SFO
　　電話：（415）362-7680
　　地址：555 Montgomery St., Suite 501 San Francisco, CA 94111, USA
　　轄區：北加州（南至Visalia為界）、內華達州及猶他州

☆ 駐西雅圖辦事處
　　網址：www.roc-taiwan.org/US/SEA
　　電話：（206）441-4586
　　地址：One Union Square, 600 University St., Suite 2020, Seattle, WA 98101
　　轄區：華盛頓、俄勒岡、艾達荷、蒙大拿、懷俄明及阿拉斯加等六州

遇搶遭竊

　　不幸遭遇搶劫時，保持冷靜，盡可能配合要求，不要抵抗或激怒搶匪，暗中記下對方特徵，如種族、年齡、身高、體重、服裝、紋身或疤痕等；如果持有武器要脅，留心使用的武器類型；如果對方有使用車輛，記下車型、顏色和車號和離去的方向；確認安全後，立即撥打911報警並前往最近的警局備案，提供姓名、電話和地址以便後續聯繫。若投保的旅遊平安險有涵蓋海外急難救助服務，可儘快聯絡取得協助。

遺失護照、機票、重要證件

　　護照或其他重要證件遺失或被竊，需先向當地警察局報案並取得報案證明，再憑報案證明就近前往駐美國臺北經濟文化代表處（或辦事處）補辦護照或核發返國旅行文件，電子機票可於網站上再次列印，如持有的是紙本機票，立即聯絡航空公司或當初訂票的旅行社，但做好可能需臨時重新購票的心理準備，所有旅行文件最好影印數份分別放置，並建議留一份給臺灣家人。

7-3 在Priceline上標便宜機票、旅館、租車

　　Priceline.com是挑戰在美國省錢旅遊必去的網站，無論是買機票、訂房、租車，或是郵輪行程，善用Priceline的競標功能常可取得出乎意料的低價，類似拍賣網站的出價方式簡單容易上手。Priceline有提供非競標的代訂服務，對於想競標的人，這是預先了解該區域有哪些旅館和價位的最佳管道，此外也可以上Hotwire.com或Orbitz.com查詢，心中先有個底。

・優點：無需和其他買家競爭，只要出價被提供服務的業者所接受即可。

・缺點：得標之前無法獲得完整詳細的資訊如旅館名稱和地址，只能由星等、城市和所在區域來推斷。

Hotwire上的旅館價位資訊參考

Priceline競標Step by Step

Step ▶▶1 進入Priceline網站之後，填寫資訊並於下方name your own price處點選bid now。

Step ▶▶2 選擇希望區域和星等（由高到低），建議一次選一區不要全部都勾，因若出價不被接受，再次出價時需要更改設訂，價錢可由建議價格的50%或更低開始嘗試（由低到高），通常星等越高的旅館折扣也越高。

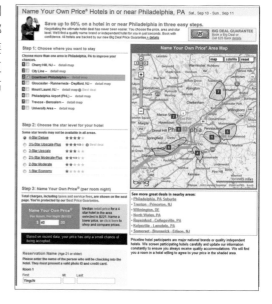

Step ▶▶3 通常需要反覆更改設訂和出價數次才能完成競標，相同的出價條件需要等24小時之後才能再用。

Step ▶▶4 出價被接受，取得旅館的詳細資料。

Step ▶▶5 以75美金標到定價198美金的3.5星級旅館。

7▶4 超強Google Transit路線查詢

www.google.com/transit在彈指之間提供迅速精準的路線規劃與旅程時間計算，對於初來乍到新環境或需要搭乘大眾交通工具的旅者而言，非常方便。

以從紐約市青年旅館（891 Amsterdam Ave, New York, NY 10025）前往時代廣場（Time Square）為例：

1. 先輸入起訖點的地址或名稱，再選擇交通工具和個人化路線規劃（若都不選則會顯示所有交通方式），然後按下Get directions（取得路線）。

2. Google Transit便會詳細告知如何前往目的地與一路上所需搭乘的交通工具和所需時間。

7▶5 美國樂透彩與刮刮樂玩法簡介

需年滿18歲，不限美國公民或永久居民，遊客也可購買，樂透遊戲有分數種，如Powerball（威力球）、Mega Millions（大百萬）、Hot Lotto、WILD CARD、2by2等，其中以每周開獎各兩次的Powerball和Mega Millions最為熱門，玩法類似臺灣的威力彩，選號規則簡單且時常累積超高額獎金，可自己劃卡或電腦隨機選號（Quick Pick）。

刮刮樂（Scratchcard）種類繁多，遊戲玩法會註明於卡上，每張卡售價在1～30美金間，但仍以1、2、3、5美金為多，中獎比例約為1：5，刮開彩券後可立即兌獎，最高額獎從500美金到100萬美金不等。

一般便利商店、超市或購物中心均設有投注站和刮刮樂販賣機，只接受現金投注。

紐約法拉盛的彩票投注站

各式各樣有趣的刮刮樂

Info

美國彩券

☆ Powerball

網址：www.powerball.com

　　每周三、周六於美東時間22:59開獎，頭獎最低由4,000萬美金起跳，中獎比例約為1：36，每張彩票2美金。選號方式為從1～59顆白球中選出不重複的五個號碼，再從1～35顆紅球中選出一個作為特別號，六個號碼全部相符可獲得當期頭獎獎金，如對中紅球或任一白球加紅球即為中獎（彩金4美金）。

☆ Mega Millions

網址：www.megamillions.com

　　每周二、周五於美東時間22:59開獎，頭獎最低由美金1,200萬元起跳，中獎比例約為1：40，每張彩票1美金。選號方式為從1～56顆白球中選出不重複的五個號碼，再從1～46顆紅球中選出一個作為特別號，六個號碼全部相符可獲得當期頭獎獎金，如對中紅球即為中獎（彩金2美金），一白球加紅球獎金3美金。

Mega Millions樂透彩票

7▸6 美國各州與屬地名簡寫

美國各州州名縮寫與分區圖

中英文州名	簡寫	中英文州名	簡寫	中英文州名	簡寫
ALABAMA 阿拉巴馬	AL	KANSAS 堪薩斯	KS	NORTH DAKOTA 北達科他	ND
ALASKA 阿拉斯加	AK	KENTUCKY 肯塔基	KY	OHIO 俄亥俄	OH
AMERICAN SAMOA 美屬薩摩亞	AS	LOUISIANA 路易斯安那	LA	OKLAHOMA 奧克拉荷馬	OK
ARIZONA 亞利桑那	AZ	MAINE 緬因	ME	OREGON 奧勒岡	OR
ARKANSAS 阿肯色斯	AR	MARYLAND 馬里蘭	MD	PENNSYLVANIA 賓夕法尼亞	PA
CALIFORNIA 加利福尼亞	CA	MASSACHUSETTS 麻薩諸塞	MA	RHODE ISLAND 羅德島	RI
COLORADO 科羅拉多	CO	MICHIGAN 密西根	MI	SOUTH CAROLINA 南卡羅來納	SC
CONNECTICUT 康乃迪克	CT	MINNESOTA 明尼蘇達	MN	SOUTH DAKOTA 南達科他	SD
DELAWARE 德拉瓦	DE	MISSISSIPPI 密西西比	MS	TENNESSEE 田納西	TN
DISTRICT OF COLUMBIA 哥倫比亞特區	DC	MISSOURI 密蘇里	MO	TEXAS 德克薩斯	TX
FLORIDA 佛羅里達	FL	MONTANA 蒙大拿	MT	UTAH 猶他	UT
GEORGIA 喬治亞	GA	NEBRASKA 內布拉斯加	NE	VERMONT 佛蒙特	VT
GUAM GU 關島	GU	NEVADA 內華達	NV	VIRGIN ISLANDS 美屬維京群島	VI
HAWAII 夏威夷	HI	NEW HAMPSHIRE 新罕布夏	NH	VIRGINIA 維吉尼亞	VA
IDAHO 愛達荷	ID	NEW JERSEY 紐澤西	NJ	WASHINGTON 華盛頓	WA
ILLINOIS 伊利諾	IL	NEW MEXICO 新墨西哥	NM	WEST VIRGINIA 西維吉尼亞	WV
INDIANA 印第安納	IN	NEW YORK 紐約	NY	WISCONSIN 威斯康辛	WI
IOWA 愛荷華	IA	NORTH CAROLINA 北卡羅來納	NC	WYOMING 懷俄明	WY

步驟3

▼

弄懂美國交通
Step by Step

Step 1

認識美國主要機場

1▶1 美西主要國際機場簡介

洛杉磯國際機場（Los Angeles International Airport）

IATA機場代碼：LAX

www.lawa.org/welcomeLAX.aspx

航空公司	起降所在航廈
中華航空（CI）	B航廈
長榮航空（BR）	B航廈
國泰航空（CX）	B航廈
達美航空（DL）	第5航廈
聯合航空（UA）	第7航廈

　　美國加州大洛杉磯地區的主要機場，亦是全世界旅客進出量第六大的繁忙機場，其中飛往臺灣桃園機場的人數排名出境旅客量的第五位，作為美西門戶的洛杉磯國際機場是許多人入境美國的第一站，距離洛杉磯市區約26公里，共有1～8及簡稱B航廈的湯姆‧布蘭得利國際航廈（Tom Bradley International Terminal）共九個航廈，呈U字形排列，航廈間有接駁

公車往來載運旅客。從機場前往市區可於第1航廈搭乘LAX FlyAway機場巴士，車程約45～60分鐘，前往市中心聯合車站（Union Station）、Van Nuys機場站、Westwood加州大學洛杉磯分校站，以及輕軌捷運Expo / La Brea站，搭乘不需預約，但建議先於LAX網站上查詢時刻表。

舊金山國際機場（San Francisco International Airport）

IATA機場代碼：SFO

www.flysfo.com

航空公司	起降所在航廈
中華航空（CI）	國際航廈A區
長榮航空（BR）	國際航廈G區
國泰航空（CX）	國際航廈A區
達美航空（DL）	國際航廈A區
聯合航空（UA）	國際航廈G區 （2014年3月29日復航）

　　舊金山灣區和北加州最大的機場和國際樞紐，繁忙程度僅次於洛杉磯國際機場，每年約服務超過四千萬人次旅客，位於舊金山市南方約21公里處，距離市中心車程約20分鐘，機場聯外交通便利，舊金山國際機場有1～3及國際航廈共四個航廈，呈環狀排列，往來航廈間可搭乘免費的機場捷運AirTrain。從機場前往市區可於國際航廈內G區之出境層（Level 3）搭乘灣區捷運BART，匹茲堡／灣點－舊金山國際機場／米爾布雷線（Pittsburg / Bay Point－SFO / Millbrae line），行駛於灣區和可達舊金山市區的Powell Street及Civic Center / UN Plaza等站。

西雅圖塔科馬國際機場（Seattle-Tacoma International Airport）

IATA機場代碼：SEA

www.portseattle.org/seatac

航空公司	起降所在航廈
中華航空（CI）	無
長榮航空（BR）	南衛星航廈
國泰航空（CX）	無
美國航空（AA）	中央航廈A
達美航空（DL）	南衛星航廈
聯合航空（UA）	北衛星航廈

華盛頓州大西雅圖地區的主要機場，也是美國西北最大的機場，每年旅客量約有三千萬人次，距離市中心19公里，約20～30分鐘車程，西塔國際機場有一中央航廈及南、北兩衛星航廈，中央航廈內再分有A、B、C、D四個大廳，往來中央與衛星航廈可利用地下自動列車，另外由於海關僅設在南衛星航廈內，故所有國際線到達航班之旅客都將在南衛星航廈通關受檢及完成入境程序。從機場前往市區可搭乘西雅圖海灣輕鐵中央線（Sound Transit－Central Link light rail），連接西塔機場至西雅圖市中心的西湖中心（Westlake），票價依距離而定，基本車費1.75美金，每哩另加25美分，每8～15分鐘一班車。

1▶2 美東主要國際機場簡介

紐約甘迺迪國際機場（John F. Kennedy International Airport）

IATA機場代碼：JFK

網址：www.panynj.gov/airports/jfk.html

航空公司	起降所在航廈
中華航空（CI）	第4航廈
長榮航空（BR）	第1航廈
國泰航空（CX）	第7航廈
美國航空（AA）	第8航廈
達美航空（DL）	第2、4航廈
聯合航空（UA）	第7航廈

　　美國東岸及紐約大都會區的最主要國際機場，也是全世界最大機場之一，機場內有超過90間航空公司營運，是美國航空和達美航空主要國際航班的樞紐機場，每年旅客運輸量高達五千萬人次，位於紐約皇后區、距離曼哈頓下城19公里處，目前共有六個營運中的航廈，分別為1、2、4、5、7、8，第3與6航廈已拆除，各航廈獨立並呈環狀排列，以AirTrain機場捷運和道路做接駁（機場範圍內免費，前往機場外車站或地鐵站收費5美金）。前往市區可搭機場捷運至牙買加車站（Jamaica Station），轉乘公車或E線地鐵至曼哈頓中城賓恩車站和上城，車程約60分鐘，票價2.5美金，或是可由牙買加站搭乘LIRR長島鐵路進城，車程約35分鐘，票價10.5美金。如欲前往下城則需至Howard Beach地鐵站搭乘A線，而NYC Airporter接駁車也是不錯的選擇，由JFK前往曼哈頓中城單程票價16美金、來回票29美金，上車點在各航廈行李提領區外候車處，可網上預先購票（www.nycairporter.com），而到曼哈頓任何區域的計程車為均一價45美金，再加上小費。

紐約紐華克自由國際機場（Newark Liberty International Airport）

IATA機場代碼：EWR

網址：www.panynj.gov/airports/newark-liberty

航空公司	起降所在航廈
中華航空（CI）	無
長榮航空（BR）	無
國泰航空（CX）	無
美國航空（AA）	A航廈
達美航空（DL）	B航廈
聯合航空（UA）	C航廈

　　美國的首座大型商用國際機場，主要服務紐約—紐澤西大都會區，位於紐澤西州紐華克市與伊莉莎白市交界處，距紐約曼哈頓中城區約24公里，分有A、B、C三座航廈。前往市區可搭乘AirTrain至鐵路轉運站（NJT station）後，轉搭美國國鐵或紐澤西運輸公司鐵路系統前往紐約市中心，或是可搭乘Newark Airport Express紐華克機場快線前往曼哈頓中城，單程票價16美金、來回票28美金，於各航廈抵達樓層外候車處乘車。

波士頓洛根國際機場（Logan International Airport）

IATA機場代碼：BOS

網址：www.massport.com/logan-airport

航空公司	起降所在航廈
中華航空（CI）	無
長榮航空（BR）	無
國泰航空（CX）	無
美國航空（AA）	B航廈北區
達美航空（DL）	A航廈
聯合航空（UA）	A、C航廈

　　位於美國麻薩諸塞州波士頓，東北新英格蘭區規模最大的機場，共有A、B、C及國際航廈E共四座航廈，距離波士頓市中心僅約4.8公里。前往市區最便宜快捷的方式為先搭乘MBTA麻州灣區地鐵的銀線接駁巴士前往南站（South Station）後，再轉乘地鐵紅線進入市中心。

巴爾的摩國際機場

（Baltimore-Washington International Thurgood Marshall Airport）

IATA機場代碼：BWI

網址：www.bwiairport.com

航空公司	起降所在航廈
中華航空（CI）	無
長榮航空（BR）	無
國泰航空（CX）	無
美國航空（AA）	C大廳
達美航空（DL）	D大廳
聯合航空（UA）	D大廳

　　主要服務巴爾的摩及華盛頓D.C.都會區，位於巴爾的摩南邊約10公里處，距離巴爾的摩市區車程約15分鐘；位於華盛頓D.C.東北邊約53公里，距離華盛頓D.C.市區車程約50分鐘。兼營國際與國內航線，以提供大量的航班及較低的價格為其競爭優勢，為西南航空的樞紐機場，主要航廈上層內區分A、B、C、D、E五個大廳，呈放射狀延展，下層為行李提領區。巴爾的摩國際機場曾被票選為十大易達性最高之機場，前往市區可於下層出口靠近E大廳處，搭乘單程票價1.6美金的輕軌列車或巴士到市中心；另可選擇乘坐免費接駁車至機場內的BWI Rail Station後，再搭乘AMTRAK美國國鐵或MARC通勤車直達巴爾的摩市區的賓恩車站，車程約10分鐘，到華盛頓D.C.的聯合車站，車程約35分鐘。

華盛頓杜勒斯國際機場（Washington Dulles International Airport）

IATA機場代碼：IAD

網址：www.metwashairports.com/dulles

航空公司	起降所在航廈
中華航空（CI）	無
長榮航空（BR）	無
國泰航空（CX）	無
美國航空（AA）	B大廳
達美航空（DL）	B大廳
聯合航空（UA）	C及D大廳

　　華盛頓D.C.大都會區的主要機場，距離華盛頓D.C.市區車程約40分鐘，與雷根國家機場（DCA）一樣是設立於維吉尼亞州境內，是聯合航空的主要樞紐站，杜勒斯共有四條跑道來支應大量繁忙的飛機起降，中央航廈呈H字形，並區分A、B、C、D四個大廳，聯外交通有直達機場快速道路，而連接現有華盛頓D.C.市區地鐵系統的機場線（Silver Line）亦正在興建中，預計2016年竣工。由杜勒斯機場可以搭乘Washington Flyer機場快線巴士，前往最近的地鐵橘線West Falls Church站，車程約20～30分鐘，單程票價10美金、來回票18美金，每30分鐘一班，購票處位在主航廈入境大廳的4號門，從West Falls Church站搭乘地鐵往市區約20分鐘。

奧蘭多國際機場（Orlando International Airport）

IATA機場代碼：MCO

網址：orlandoairports.net

　　佛羅里達州第二繁忙的機場，位於奧蘭多東南方10公里處，分有A、B兩航廈。前往市區可搭乘單程票價2美金的Lynx公車，前往市中心車程約40分鐘、國際大道約1小時、海洋世界或佛羅里達購物中心約45分鐘，乘車處位在A航廈外地面運輸交通區的A38～A41車位，若是要前往迪士尼樂園附屬旅館住宿可在B航廈外B42～B47車位搭乘免費的Disney's Magical Express。

航空公司	起降所在航廈
中華航空（CI）	無
長榮航空（BR）	無
國泰航空（CX）	無
美國航空（AA）	A航廈／1區
達美航空（DL）	B航廈／4區
聯合航空（UA）	B航廈／3區

邁阿密國際機場（Miami International Airport）

IATA機場代碼：MIA

網址：www.miami-airport.com

航空公司	起降所在航廈
中華航空（CI）	無
長榮航空（BR）	無
國泰航空（CX）	無
美國航空（AA）	D、E大廳
達美航空（DL）	H大廳
聯合航空（UA）	G大廳

　　佛羅里達州最大的機場，位於邁阿密市中心西北13公里處，為全美國際航班比率最高的機場，由於地理位置優越而成為美國連接拉丁美洲的最大樞紐，邁阿密國際機場內分為北、中央、南共三航廈呈半圓形排列，共有四條跑道。前往市區或其他城市可利用MIA Mover自動列車服務從機場至邁阿密中央車站（Miami Central Station），再搭乘捷運橘線前往市中心，車程約15分鐘，票價2美金，前往南灘更可以搭乘Airport Flyer巴士直達，車程約30分鐘，票價2.35美金，非常便捷，中央車站亦提供其他交通選擇包含通勤電車、美國國鐵、灰狗巴士、計程車與租車服務等。

Info

快速查詢全球機場代碼

☆ 網址：www.world-airport-codes.com

　　輸入欲前往城市英文名稱，即可取得該區所有機場的IATA代碼唷！

Step 2

掌握臺灣出境資訊

2▶1 認識臺灣主要機場

桃園國際機場

　　簡稱桃園機場，國際航空運輸協會（IATA）機場代碼為TPE，為臺北的聯外國際機場及主要的國際客貨運出入站，連接世界各國的航線班機大多在此起降，是臺灣最重要的空運門戶，現有南北兩條可供起降之跑道，並分有一、二航廈。第一航廈形狀似英文字母「H」，原始的設計架構參考自美國的華盛頓杜勒斯國際機場。

　　直飛或透過第三地轉機前往美國的航空公司及其所在航廈位置表：

DATA 臺灣桃園國際機場
www.taoyuan-airport.com

航空公司	航廈與位置
國泰航空（CX）	第一航廈1樓出境大廳
達美航空（DL）	第二航廈西側停車場2樓
中華航空（CI）	第二航廈3樓出境大廳
長榮航空（BR）	第二航廈3樓出境大廳
聯合航空（UA）	第二航廈3樓出境大廳
聯合航空（UA）	G大廳

桃園機場出境大廳

高雄國際航空站

簡稱高雄小港機場，國際航空運輸協會機場代碼為KHH，位於高雄市小港區，交通便利捷運紅線可達，為南臺灣主要聯外門戶，分有國內航廈和國際航廈共兩座。國際航線主要飛香港、澳門、日本、東南亞等地區，前往美國需搭乘接駁機到桃園機場轉機，或是先飛往日本或香港後再轉乘。

所有國際班機及往桃園機場接駁機都從國際航廈出發，搭乘接駁機的乘客將在高雄辦妥出境手續和安全檢查，無需等到達桃園機場才辦理。

DATA 高雄國際航空站
www.kia.gov.tw

2►2 出境須知

出境程序Step by Step

必備證件：護照、機票及出境登記表（在臺有戶籍者免填）。
出境流程：辦理報到→托運行李→安全檢查→證照查驗→登機

Step ►►1 櫃檯報到及托運行李

建議於航班起飛前2～3小時，至航空公司櫃檯報到，並辦理劃位、托運行李等手續。最遲於航班起飛前40分鐘完成報到，以免無法辦理行李托運而無法搭乘。

完成報到手續後，領取各項證件、登機證及行李托運收據條，行李收據需妥善保存，倘若遺失可憑收據向航空公司索賠。確定行李已通過X光機檢查後，方可離開。

航空公司櫃檯辦理報到手續

等候行李通過X光機後才離去

行李重量及隨身行李尺寸規定
☆ 托運行李應掛上行李牌，寫明中英文姓名、住址與聯絡電話。
☆ 美加地區旅客托運行李每人以兩件為限，每件限重23公斤。
☆ 旅客所攜帶之隨身行李尺寸如下：長56公分、寬36公分、高23公分。
☆ 其他相關規定請逕洽航空公司。

Step 2 安全檢查

出示旅行證件方可由旅客出境入口處進入隨身行李安全檢查室，排隊依序進入安全檢查線，將隨身行李放置滾輪以通過X光檢查儀。通過金屬偵測門時，需將身上金屬物品（如行動電話、鑰匙、硬幣）置於小籃內，待通過後再取回。

美國運輸安全署（TSA）已將打火機列為違禁物品。凡搭乘任何飛往美國航班或任何美國航空公司航班的旅客，均不得攜帶打火機。

排隊等候通過安檢線

隨身行李中攜帶液態、膠狀及噴霧類物品規定，可於外交部領事事務局網站（www.boca.gov.tw/ct.asp?CuItem＝8&mp＝1）查詢。

Step 3 出境證照審查

備妥護照、登機證等證件，於證照查驗櫃檯處排隊，依序進入證照查驗櫃檯，由證照查驗人員檢查證件，並於護照上蓋出境章。

護照與登機證是必備文件

Step 4 等候登機

通過隨身行李安全檢查及證照查驗後，即可自由活動或前往免稅商店購物，但務必於起飛前40分鐘進入候機室準備登機。

等候登機的時間可以去逛逛免稅商店

蓋上出境章後即可前往候機室

Step 3

搞懂入境美國程序

進入美國境內需通過移民官及海關關員兩道關卡的檢查，移民官將會對是否可以入境做出決定，海關則檢查旅客所攜帶入境的行李是否需要課稅及有無違禁品。即便是還要轉機者，也必須在抵達美國的第一個機場辦理入境程序，通過移民局證照查驗，提出行李通過海關後，才能再轉飛各地。

必備證件：護照、ESTA旅行許可（需先線上完成申請）、回程機票、海關申報單。

美國入境流程Step by Step

抵達機場為最終目的地：下飛機→入境審查→提領行李→通過海關→離開機場

入境後需轉機：下飛機→入境審查→提領行李→通過海關→再次托運行李與安檢→轉搭內陸航班→抵達後提領行李→離開機場

下機後循指標前往入境審查與海關查驗

Step ▶▶1 入境審查

前往美國的飛機上，空服員會提供海關申報單，在機上就填寫完成可加快通關速度，如需要中文版本表格可向空服員索取。

下機後旅客會被引導到入境檢查室，有清楚標示US citizens / Residents（美國公民及永久居民）及Visitors / Non-Residents（旅客）兩個隊伍入口，持非移民簽證者應排在Visitors / Non-Residents通道等待驗證。移民官會審查入境者持有的護照與簽證，並詢問此行目的、旅行計畫、預計停留長度等問題，務必如實回答切勿言詞閃爍。同時也會拍照與掃瞄指紋留下紀錄。

獲准入境後，移民官會在護照上蓋章並註明入境日期、簽證別及可停留期限，取回護照及海關單後便完成審查程序，一般而言如無特殊問題情事，以EAST旅遊許可入境者移民官將會准予最長90天的停留。

Step ▶▶2 提領行李

尋找Baggage Claim標示，依指示前往行李轉盤區，電腦螢幕或告示板會顯示班機號碼，拿到行李時核對行李條以免拿錯，接著排隊等候驗關。

前往對應的轉盤提取行李

Step ▶▶3 通過海關

繳交海關申報表時，海關人員會示意是否可直接通過或需要打開行李受檢，若檢查出有違禁品將會立即被沒收，入境禁止攜帶物品相關規定可於外交部領事事務局網站（www.boca.gov.tw）查詢現行規定。

Step ▶▶4 轉搭內陸航班

出關後需再次托運行李和進行安檢才可前往登機門搭乘內陸航班。出關後尋找Baggage Re-check或Connecting Baggage標示，至搭乘的航空公司行李托運區辦理行李重掛。若已持有前往下個機場的登機證，可於通過安檢後直接前往登機口候機；若尚未拿到，則需前往所搭乘航空公司櫃檯辦理報到取得登機證。

美國國內轉機的航班視為一般內陸交通運輸，故抵達最終目的地城市機場後，可直接於提領行李後前往市區，不需再經過任何審查。

Step 4
機場到市區交通安排

　　從機場前往市區，多數大城市的機場可利用大眾交通工具，如捷運或公車，優點是費用低廉，但攜帶大件行李時較不方便，若加上抵達時間已晚，此時不妨考慮直達市區的機場快線或可指定前往地點的SuperShuttle。

4▶1　市區公車與機場快線

　　乘坐機場快線前往市區一般而言是頗安全可靠的交通方式，常見的型式有市區公車和中小型巴士專車等。

NYC Airporter網頁上的停點與費率介紹

加州LAX機場：
市區公車及FlyAway機場快線

　　於各航廈抵達層大廳外尋找LAX Shuttle & Airline Connections標示，在此搭乘免費的機場接駁巴士G前往地鐵綠線Aviation / LAX車站轉乘地鐵或搭乘接駁巴士C直達市區的Metro Bus Center巴士總站。FlyAway搭乘方式參考LAX機場簡介內說明（P64～65）。

紐約JFK機場：市區公車及NYC Airporter機場快線

機場紐約大都會捷運署（MTA）經營的市區公車可在第5航廈搭乘，單程票價2.75美金，Q10、Q3公車前往Queens皇后區、B15前往東紐約，各線均可轉乘地鐵。NYC Airporter搭乘方式參考JFK機場簡介內說明（P66）。

4▶2 都會捷運系統：地鐵

美國各城市捷運系統之搭乘方式與臺灣的臺北、高雄捷運相似，可購買單程、來回或套票之儲值卡，進站時於驗票口感應或插卡，出站時重複驗票動作後完成扣款，若持單程票將於出站時由機器回收票卡。

華盛頓D.C.地鐵連接雷根機場與市區

紐約地鐵系統

世界上歷史最悠久的公共地下鐵路系統之一，也是全美最繁忙的城市地鐵系統，車站遍布於曼哈頓區、布朗克斯區、皇后區，以及布魯克林區，由JFK機場前往市區可搭機場捷運至地鐵站，由拉瓜地亞機場（LGA）可搭乘Q70或Q47巴士快線到羅斯福大道74街車站，再轉乘地鐵前往市區，單程票價不分車程距離為2.75美金。

華盛頓D.C.地鐵系統

全美第二繁忙城市地鐵系統。華盛頓D.C.的雷根國家機場（DCA）目前有黃、藍兩線經過，均可直達市中心，地鐵站就設置於機場內，並以空橋與航廈連接。杜勒斯機場（IAD）預計將於2016年後以銀線連接市區交通，票價依車程遠近及搭乘時段計算。

舊山金灣區捷運系統

全名為Bay Area Rapid Transit（BART），簡稱灣區捷運，服務舊金山各個城市間，如舊金山、奧克蘭、柏克萊、戴利城等的運輸需求，票價依車程距離計算，SFO機場可搭乘捷運黃線直達市區，若由奧克蘭國際機場（OAK）則先搭乘每10分鐘一班、單程票價3美金的AirBART專線接駁公車，至競技館／奧克蘭機場站後轉乘藍或綠線前往市區。

其他交通工具：
旅館免費接駁車、SuperShuttle、計程車、租車

喜來登旅館的免費接駁車

旅館免費接駁車

　　網上預先訂房時即可先一併了解是否有提供接送服務，以及乘車地點與營運時間等資訊，大多數機場附近的大型連鎖旅館會固定有接駁車不間斷往來機場載客，若未事先訂房，也可於地面輸運乘車處直接搭乘有意住宿之旅館的接駁車前往當場辦理入住。

▶ ▶ 預訂旅館接駁車

　　除了跟旅館事先確認接駁車有無之外，許多機場的地方旅館接駁車是採隨叫隨到的方式，旅客可以使用「Hotel Courtesy Shuttle Zones」所提供的免費電話機，於看板上找尋旅館代碼，撥一至兩碼的號碼，等待接通後即可與旅館服務人員通話，告知需要叫車，並了解應於何處等待乘車，此類免費話機多設置於行李提領區附近。

SuperShuttle

　　醒目的藍色車身小巴SuperShuttle，提供來往機場、旅館或住家最經濟方便的全天候接駁服務，範圍涵蓋全美各主要城市與機場，由機場乘車無須事先預訂，前往地面運輸處窗口或櫃檯購票即可，共乘制的概念讓旅客省下不少交通花費。SuperShuttle網站提供預訂和查詢功能，如不確定目的地機場是否有SuperShuttle服務，可先上網確認，若是要從旅館前往機場時，建議提前於網站上叫車，並可在網路上搜尋是否有優惠代碼可於結帳時使用，常有機會找到折價10～15％或單趟減免2美金的代碼，關鍵字「SuperShuttle Discount Codes」。

DATA
Super Shuttle
網站：www.supershuttle.com

醒目藍色車身的超級小巴接駁車

計程車

　　搭乘計程車無需事先叫車，領取行李後循Ground Transportation或Taxi指示前往搭乘即可。

租車

　　美國的各大租車公司在機場常設有櫃檯，然而有時租車公司未直接設據點於機場內，取車必須出機場外，遇到這種情形時，一般會在出機場大廳後看到各家租車公司的免費接駁車往來接送客人，決定承租的公司後便可直接上車前往辦理手續。建議先在網路上完成預訂，輸入相關資料，如城市或機場代碼、預計的取還車時間後，即可選擇車型，除了可以取得較多優惠和減少現場辦理等待時間之外，也能確保有車。

> **Info**
>
> **快速比較各大租車公司費率**
> ☆ 網址：www.rentalcars.com
> 　　建議先比完價心裡有底後，再回到有興趣的租車公司網站上看是否能訂到更低價，或是在priceline.com上競標。

機場有排班計程車可隨叫隨坐

租車公司Hertz的機場免費接駁車

079

Step 5

決定美國境內交通方式

灰狗巴士與白色車體的費城公車

美國中部度假城市Branson的景觀列車

　　交通的選擇主要取決於旅遊的範圍、區域、停留長度與預算。前往城市距離遠如西岸的舊金山和東岸的紐約，中間沒有其他停留點，因距離長又幾乎橫跨美國，地面交通工具費時價高且需多次轉車，一般而言搭乘內陸飛機會較適宜。倘若是同為東岸的華盛頓D.C.到費城或波士頓，便可考慮搭乘美國國鐵或長程巴士，而想要前往多個相近的城市，沿途邊走邊玩，則機動性高的自行駕車會較能掌控時間。

5▶1 火車鐵路

　　在美國搭乘火車跟搭飛機的價錢相近，但短程旅行坐火車可能比搭乘飛機便宜又省時，且票價保持穩定不像機票波動較大，優點為準時且安全可靠、舒適性高和享受更寬闊的空間，並能從不同角度來欣賞沿途風景，同時也避免了機場繁複的安檢程序，又可使用手機和筆記型電腦等電子產品，許多車次更配備有無線網路呢！

AMTRAK美國國鐵

　　AMTRAK是America美國和Track
鐵路的合寫，意即美國的鐵路，總
部位於華盛頓D.C.的聯合車站，是國
營的運輸系統，安全可靠，共約有
五百個車站，服務範圍遍達全美內
陸四十六個州及三個加拿大省分，
絕大部分美鐵車站位於城市的市
區，和當地公共運輸、巴士、捷運
接駁，便利性極高。

美國國鐵托運行李櫃檯

車程與票價

　　與飛機航班類似，美鐵列車有多個等級席位，包含一等座、臥鋪、商務座、又稱為沙
發座的二等座、對號二等座及不對號二等座，票價依車程、車種、席位及時段有所不同，
於AMTRAK網站上可以快速查詢。

　　美鐵亦提供數種周遊券的選擇，主要的銷售對象為想要「搭火車遊玩美國」的旅客，
如全美國鐵火車票USA Rail Passes有15、30、45天長度的選擇，使用範圍為全美境內與兩個
加拿大城市（需有加拿大簽證），售價159美金的加州國鐵券California Rail Pass則在連續的
21天內可任意挑選7天使用，每天最多可搭乘4段火車。

全美國鐵火車票（可線上購買）			加州國鐵券（不可線上購買）	
15天	8段火車	・成人449美金 ・兒童（2~15歲）224.5美金	・連續21天內任意挑選7天使用，每天最多4段火車。 ・購票一年內需使用完畢，不可轉讓。	・成人159美金 ・兒童（2~15歲）79.5美金 ・聯絡AMTRAK電話購票：1-800-872-7245
30天	12段火車	・成人679美金 ・兒童（2~15歲）339.5美金		
45天	18段火車	・成人879美金 ・兒童（2~15歲）439.5美金		

▶ ▶ **使用周遊券注意事項**

· 周遊券並非實際乘車票，旅客需先預訂車次後，於乘車前在車站窗口取票才能上車。

· 美國境外旅客可以撥打電話（001）215-856-7953，或是傳送電子郵件內文寫明姓名、預計乘車日期與車站、周遊券確認碼、欲搭乘車次至inat5@sales.amtrak.com預訂車次。

· 已身在美國或加拿大境內旅客，可撥打電話1-800-872-7245預訂車次。

· 車站窗口或服務處取票時需出示周遊券或周遊券確認碼，以及身分證明文件。

· 最新規定與詳細的周遊券使用方式限制，請逕上美鐵網站查詢。

Info　AMTRAK美國國鐵網站
☆ 網址：www.amtrak.com
　　　先選擇單程或來回票，輸入起訖點與出發日期時間、乘客人數後，即可查詢所有可訂位車次資訊，並可直接於線上訂位付款。

5▶2 內陸飛機

聯合航空是美國主要的航空公司之一

飛機是長程旅途較佳選擇，美國提供內陸航班的航空公司眾多，運作全國性航線且歷史較久的大型主要航空公司有達美、聯合與全美，而夏威夷航空和阿拉斯加航空雖服務範圍並未涵蓋全美也歸屬於此類，其他較新的航空公司則有穿越（AirTran Airways）、忠實（Allegiant Air）、邊疆（Frontier Airlines）、捷藍（JetBlue Airways）、西南（Southwest Airlines）、精神（Spirit Airlines）、太陽城（Sun Country Airlines）、USA3000與維珍美國（Virgin America）等，另外還有不勝枚舉的各地方區域性航空公司，以及乘客座位數一般低於九人的通勤航空公司或空中計程車。

航程與票價

航程長短、淡旺季、出發及目的地都是影響票價的因素,多方比價、提前訂票與避開假期是基本原則,但並非飛往大城市的票價就比較高,反而因航班選擇多,更有機會買到低價的促銷票,各航空公司也常以熱門城市之間的航班來推出單程低於100美金的限時特惠票,此類優惠資訊多放在航空公司網站首頁顯眼處。

廉價內陸航空公司

直接上廉價航空網站訂票,常可以取得較低的票價,要注意的是,廉價航空行李托運通常要另外收費(隨身兩件行李不收費),但如西南航空第一件行李免費,若要帶的東西較多,可以作為選擇考量。

Info　美國廉價航空網站參考
☆ 穿越航空:www.airtran.com
☆ 捷藍航空:www.jetblue.com
☆ 西南航空:www.southwest.com

自行訂位注意事項

· **提早查詢與觀察追蹤票價**:機票價錢是波動的,購票之前先觀察一段時間,了解何時是票價的高低點再買進。

· **周五、周日、周一時票價常較高**:有些日子出發的票價比較低,如周二和周三,但並非絕對,故查詢時可以將彈性放寬,看看理想出發日前後票價再做決定。

· **避開節慶或連假**:旅遊需求量大的日子,除了票價飆高之外,還可能遇到訂不到機位的情形,若萬不得已建議及早訂位。

· **嘗試替代機場**:不妨多比較幾個機場來尋得最佳選擇,如前往紐約可同時將紐約大都會區的甘迺迪機場、紐華克機場與拉瓜地亞機場列入考慮。

· **航空公司折扣優惠碼**:訂閱航空公司電子報,取得最新優惠與促銷航班資訊。

· **機+酒+租車套裝優惠**:一起購買往往比分開預訂享有更多折扣。

· **去回不一定要搭同家航空**:美國許多內陸或廉價航空公司常提供某城市出發單程的優惠票價,但來回票的時間反而不一定方便和有優惠,若想取得最低票價,不妨嘗試搭配去回分別為最低價的航空公司。

· **團體出遊分開訂位**:每班飛機釋出的低價優惠票數量有限,例如某班機上的100美金最低價票只剩兩張,再往上一級的機位是150美金,當你一次訂購四張票時,因兩個100美金的座位不符合數量需求,將只會顯示150美金座位,倘若以兩人為一組分開訂位,則將可先取得兩個100美金機位,另外兩個機位再付到150美金。

· **額外行李費**:很多航空公司已開始收取托運行李費,甚至是隨身行李費用,比較票價時建議一併考量外加的費用。

083

內陸機票比價網站

　　許多網站提供旅遊票券的比價服務，如可上kayak.com、expedia.com或bookingbuddy.com等。輸入搭乘日期和機場資訊後，選擇欲加入比較的其他線上訂票網站，便能在跳出的幾個新視窗中看到可選擇的航班及優惠差異。

網路訂票Step by Step

Step ▶▶1 上航空公司網站，以捷藍航空為例。先選擇單程或來回票，輸入出發、抵達機場，以及日期後開始搜尋。

Step ▶▶2 選定合適的航班。

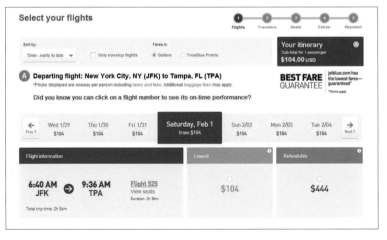

Step
▶▶3 輸入旅客個人資料與電子郵件信箱。

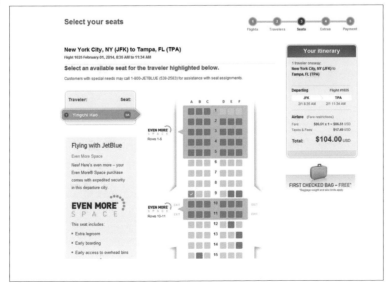

Step
▶▶4 選擇座位。

再次確認航班資訊是否正確，並完成信用卡付款。

完成以上步驟後，列印捷藍航空寄發之訂位確認函，並抄錄「確認碼」（confirmation number）備用。

5▸3 長程巴士

　　搭巴士旅行在歐美一直以來都是很普及與熱門的交通工具，尤其受到年輕人和預算有限的旅者歡迎。搭車免去了在人生地不熟的城鄉自行駕車的緊張不安，行進間可以欣賞沿途景色，感到疲累時可放鬆小憩，許多較偏遠沒有飛機、火車可達的地方，也多只能倚靠巴士前往。現在很多長途巴士上設備優良，除了座椅舒適之外，還配備插座與無線網路等。

前往奧勒岡州波特蘭市的灰狗長程巴士

車程與票價

　　預訂建議直接上各巴士公司網站或透過電話查詢適合的車次與票價，而提前到巴士站購票也是方法之一，但極不建議出發前才臨時到現場購票，將無法預期是否還有座位，還可能會嚴重延誤旅程。

　　灰狗巴士是全美商業運輸最大的長短途巴士公司，服務的範圍涵蓋全美各大小城市約3,800個點，每日發車量達13,000次；而與灰狗巴士聯營的彼得潘巴士主營美國東岸。其他非全國性的有超級大巴和閃電巴士等，超級巴士為Coach USA的子公司，而閃電巴士是灰狗與彼得潘合資設立的，超級與閃電這兩間都是以提供1美金促銷票為號召的廉價巴士公司，每班車至少會有一個座位是以1美金賣出，其他座位價格依市場需求做調整，最高票價通常也僅落在20～25美金間而已。

灰狗與彼得潘聯營的巴士站

087

Info

查價網站Bustripping
☆ 網址：www.bustripping.com（BETA版）
　　可查詢同一路線各家巴士公司票價與車次。GotoBus.com可查詢東、西岸通行各主要城市中國城巴士的票價。

超級大巴提供1美元起的促銷票

美國主要巴士公司參考		
巴士公司	網站	主要服務區域
Greyhound　灰狗巴士	greyhound.com	涵蓋全美及加拿大、墨西哥等地。
Peter Pan Bus　彼得潘巴士	peterpanbus.com	東岸華盛頓D.C.以北至新罕布夏州沿線各大城市。
BoltbBus　閃電巴士	boltbus.com	東北部各大城市與西岸加州、奧勒岡州與西雅圖等。
Megabus　超級大巴	us.megabus.com	東部、中西部，以及加州、內華達州、德州等地。

搭乘巴士注意事項

· 儘早訂票以取得最低價優惠，特別是針對那些有銷售1美金車票的巴士公司。
· 注意巴士公司的合法及安全性，可上美國巴士協會網站（www.buses.org）查詢。
· 線上訂票時注意是否需要印出確認函，或是只要有確認碼即可搭車。
· 依各家規定不同，於乘車時間前1小時至15分鐘抵達車站等候。
· 有些巴士是不劃位的，如想要坐到較前排座位須儘早前往排隊。
· 攜帶足夠的飲水及個人衛生用品如衛生紙或溼紙巾。
· 準備一件輕便的外套，車上小憩或冷氣強時可以禦寒。
· 注意隨身行李及避免穿著配戴昂貴顯眼的服飾珠寶。
· 許多巴士上配備有免費無線網路服務及插座，可以多加利用。
· 留意司機廣播，如不確定可向其他乘客確認，以免下錯站。

提前至巴士站等候並準備車上禦寒衣物

5▸4 公路旅行：租車

　　毫無疑問的，公路旅行絕對是最能深入盡覽美國人文歷史、山水風光的旅行方式，機動性強且較能掌控步調，再者美國的公路系統十分發達、規劃完善，要開車上路並不難。不過在美國開車仍有其挑戰性，雖然交通規則大同小異，但美國平均行車速度較高，例如臺灣一般道路車速為時速50公里，美國則常在50～70公里間，加上有臺灣人較不熟悉規則的四向停止標誌等，都得要特別留心注意。另外，在路線和停留點的預先規劃上需投注許多心力，旅程中耗費的體力也遠大於其他交通方式，相對的，獲得的豐富精采回憶與旅程中的意外驚喜，也更加使人難忘。

東西向的66號州際公路

車程與租金

　　跨州長途旅行的租車限制較多，若又為單程且還車點不同，例如紐約取車開至舊金山還車，有些租車公司會額外加收約250美金「drop off fee」（還車費），而外國人租車的費用又往往高出美國居民許多，故建議先尋找有提供「cross-country」（跨州）和「unlimited mileage」（行駛哩程數無限制）服務的租車公司，取還車點可以考慮機場，

並選擇在網上完成預訂，因機場外的當地租車辦公室一般多只願出租限在該州內行駛的車子。另外車型大小也需要考量，如行李箱、個人用品、帳篷加上備用糧食等，都會占去許多空間，並給自己多一點時間比較各家價格與充分了解相關規定限制後，再做最後決定。

　　除了租車及其衍生的費用如稅金、保險之外，汽油錢亦是公路旅行的主要支出，決定好起訖點後，便可以先預估總哩程數與油錢，同時可作為此行要涵蓋多少路線外額外景點

行程的評估依據，美國AAA汽車協會提供網上小工具幫助旅者計算旅程汽油成本，並有即時更新的美國各區域當日平均油價供參考，使用方式簡單，只要輸入出發與目的地城市、汽車廠牌、型號與年份，便能立即獲知單程與來回的預估哩程數、所需油量和油料費，如以美國東岸華盛頓D.C.至西岸洛杉磯為例做估算，得到單程2,640英哩、94.29加侖油、油料費為339.31美金的結果。

Info

美國AAA汽車協會燃料成本計算器

☆ 網址：fuelcostcalculator.aaa.com

　　許多美國人喜歡且相較省時省力省錢的方式是，先搭乘飛機前往目的地後，再於機場租車在該區旅行，遊玩結束後再於同一機場還車，並搭機前往下一站。

租車注意事項

・大多數的租車公司於取車時即會要求以信用卡支付押金（多為100美金）與最終租金。
・美國租車費率高低與年紀有關，25歲以下者常需支付較高租金與額外收費，也可能遇到拒租的情況。
・選租經濟款的小車，通常租車公司的小車最快被租光，所以希望或說服乘客選中型車，倘若堅持要小車，常有機會改拿中型車卻支付原本小車的價錢。
・向租車公司確認相關限制，如是否有哩程無限和可否跨州行駛、他州還車等。
・決定是否要加購保險，身為外國遊客在美沒有自有車險涵蓋保障，建議考慮加保以防萬一。
・不要選擇prepaid gasoline，租車公司油價常比市價高很多，自行加足油再還車。
・準時還車，如非不得已需要延長，請事先聯絡租車公司，否則超時常會被收取高額費率。

取車與上路之前應確實檢查車況

網上預約

預訂可直接上租車公司網站，或是透過比價網站如Priceline.com或Expedia.com、Hotwire.com試算以了解當時行情，一般來說後者常可以取得較低費率。避免直接前往租車公司櫃檯辦理，除了費率較高之外，還可能遇到無車可租的情況。

Info　美國常見的租車公司

美國開車注意事項

美國的行車方向駕駛座位與臺灣相同，加上租車公司多提供自動排檔車，要上路並不困難，但建議花些時間熟悉租來的車輛，儀表板與路標顯示的時速均為英哩，數字看起來較小，必須小心勿超速，罰單一般至少都有75美金。美國開車要求必須有保險，雖保費一般來說所費不貲但非常重要，可避免在不幸發生事故時需自掏腰包付出巨額賠償，保險可在租車時加購，務必隨身攜帶國際駕照和第二身分證明文件如護照，保持機警與留心各種標誌。

上放學時間行車留意停靠的校車

- 繫好安全帶：未繫安全帶將被罰處高額罰金，嬰幼兒需坐兒童安全椅，12歲以下兒童禁止坐前座。
- 詳閱車輛租賃合約：確實了解並遵守相關規定，保留一份副本，如遇到爭議時，可以作為憑據。
- 停止標誌：設置有八角形紅色STOP標誌路口，無論有無來車，車輛需先完全靜止後方可前進，設有STOP標誌的十字路口，禮讓右方來車先行。
- 行人絕對優先：未設置紅綠燈的斑馬線或穿越道如有行人欲過馬路，車輛必須完全靜止禮讓，若是行人出現在任何的一般道路，原則上仍需禮讓，以免觸法受罰。
- 校車停靠路邊上下學生：見到黃色車體的School Bus（校車）閃燈並張開STOP標誌，雙向來車均須立即停止行駛，不得超車，並耐心等候學童上下車。
- 警消救護車：遇有緊急車輛從前方或後方駛來，立即於路邊停靠或迅速減速讓出道路供其順利通過。
- 紅燈可右轉（除非該區或該市另有法律規定，如紐約市及洛杉磯市）：除非有特別標示No Turn on Red（禁止紅燈右轉），右轉時的紅燈等同於STOP標誌，車輛需完全停止確認無來車後，方可安全轉彎。

· **警察攔查**：遇到臨檢或警車亮燈鳴笛尾隨時，立即伺機安全的停靠路邊，切勿試圖加速擺脫，警察將會稍有距離的停在後方並下車前來盤查，夜間請開車內燈，雙手同時放於方向盤上等候詢問，除非有指示否則不要輕舉妄動或伸手取物，警察會要求駕照、行車執照（租車資料）和保險等證明，再依違規情形開立警告或罰單。

自助加油須知

　　美國加油站多為自助式，需先付費才可開始加油，停妥車輛於加油機前，自行操作螢幕鍵盤輸入信用卡資料後便可提起油槍，如需入內刷卡或付現時，告知店員加油機編號及欲付金額，完成繳款後即可開始加油，加滿後若發現有餘額未用完，可回到商店退款。

自助加油Step by Step

Step ►►1 螢幕上選擇付款方式，以信用卡（CREDIT）為例。

Step ►►2 插入卡片後快速拔出，螢幕顯示進行交易授權程序。

Step ►►3 選擇汽油等級後，便可提起油槍，選普通（Regular / 87）即可。

Step ►►4 按住扳機，開始加油，加滿時油槍會自動跳停。

Step ►►5 掛回油槍，拿取收據。

停車注意事項

在大城市停車往往令人既困惑又沮喪，除了熱門景點附近車位難尋之外，規定嚴格且繁雜，一不小心就違規受罰。付費的路邊停車格除了周日或聯邦假日不限時及免費之外，周一至周六多有限制時間（一般為1～2小時），且必須預先付費。上下班交通尖峰時間大部分主要道路禁止停車，許多區域更標明僅限持有許可證的車輛停放。消防栓與公車停靠站前後嚴禁停車，因此停車之前，務必要仔細閱讀所有標誌，簡單的基本判別方式為綠色箭頭指向區域可以停車，紅色箭頭指向區域禁止停車。

路邊停車時需遵守相關規定以免受罰

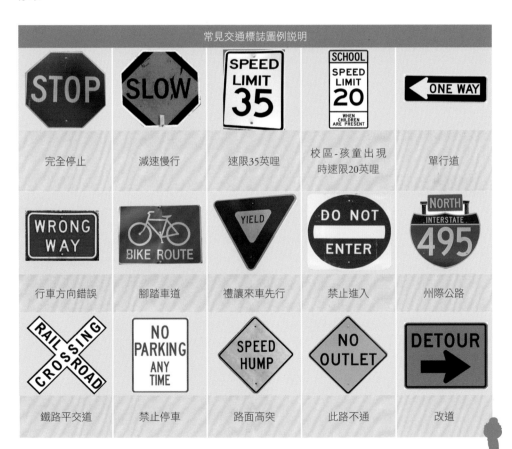

常見交通標誌圖例說明

完全停止	減速慢行	速限35英哩	校區-孩童出現時速限20英哩	單行道
行車方向錯誤	腳踏車道	禮讓來車先行	禁止進入	州際公路
鐵路平交道	禁止停車	路面高突	此路不通	改道

Step 6

出境美國注意事項

自市區前往機場

　　除了搭乘大眾交通運輸工具之外,可以透過住宿飯店櫃檯或自行電話叫車,搭乘SuperShuttle需先在網站上預約,若飯店有提供機場接駁車,不妨多加利用。

6▶1 出境流程Step by Step

Step ▶▶1 櫃檯報到及托運行李

至航空公司櫃檯辦理報到與行李托運

必備證件:護照、機票。

出境流程:前往機場→辦理報到→托運行李→安全檢查→登機

　　離開美國時無需辦理出境手續,持護照及機票於起飛前2～3小時,前往航空公司櫃檯辦理報到與領取登機證。托運行李時確認行李條上標示最終目的地為臺灣(桃園機場TPE或高雄機場KHH),轉機時無須再次領取托運行李。

Step ▶▶2 安全檢查

出示護照與登機證經安檢人員核對並通過安全檢查後，即可前往候機室，離境美國不需要經過移民局與海關，只有入境時才需要。

Step ▶▶3 等候登機

準備登機時將護照連同登機證一併拿出備查，航空公司地勤人員掃瞄登機證後，即可進入機艙就座等候飛機起飛。

6▶2 入境臺灣 Step by Step

必備證件：護照、入境旅客申報單（攜帶行李物品超過免稅規定者需填寫）、入境登記表（在臺有戶籍者免填），如為外籍旅客另需備簽證、機票、入境登記表。

入境流程：人員檢疫→證照查驗→提領行李→動植物檢疫與海關行李檢查

Step ▶▶1 入境證照審查

下機後須先通過紅外線體溫篩檢站，後依指示前往證照查驗櫃檯排隊，出示護照與登機證存根予審查人員檢視並蓋入境章。

Step ▶▶2 提領行李

辦妥入境證照查驗後，直接前往行李檢查大廳，等候領取行李與驗關。

入境前須先通過旅客檢疫站

Step
▶▶3 檢疫與海關申報

依規定嚴禁攜帶新鮮水果、瓜果類植物與未經核可之動植物產品入境臺灣，凡攜帶有動植物及其產品入境者，應至檢疫櫃檯辦理檢疫手續。海關分有「免申報檯」（綠線）與「應申報檯」（紅線）兩線，所攜行李未超過免稅限額且無管制、禁止、限制進口物品者，可由綠線通關。如所攜物品超過免稅範圍，必須到海關旁邊的銀行窗口繳交稅款。

如對報關程序有疑問可詢問機場海關櫃檯

免稅品範圍及數量規定，可於財政部關稅局網站（taipei.customs.gov.tw）查詢現行規定。

6▶3 如何在機場節省時間

機場安全檢查規格逐年提高，遇到旅遊旺季時，機場常人滿為患，等候報到、證照查驗和安檢往往耗時費力，讓人頭疼心煩不已，提供幾個節省時間的小祕訣供參考。

線上辦理報到並列印登機證

多數航空公司在登機前24小時便開放線上辦理報到和選位，內陸航班大多開放在家列印登機證，到機場後直接前往登機口，省去許多排隊的時間，適用僅有隨身行李的旅客。

預先估量分配好托運行李重量

多數臺灣飛往美國航班可托運兩件行李，每件限重為23公斤，出發前就先平均分配好重量，避免到了機場還要當眾開行李調整，出國難免會購物，精簡行李及預留寬裕空間是上策。

避免攜帶可疑物品

不要攜帶違規或可疑物品冒險闖關，筆記型電腦與電子儀器放在容易取出的地方，安檢時需取出受檢，個人定期服用藥品請附上英文處方箋，在機場不會使用到的東西放置托運行李。

提前準備出示旅行文件

　　上機前會有數個需要出示證件的檢查點,所有旅行文件放置在安全且容易收放處,接近檢查點時預先取出拿在手上,才不會臨時翻找手忙腳亂。

著輕便的服裝和好穿脫的鞋子

　　長途飛行最好穿著舒適輕便的上衣和不需繫腰帶的褲子,也避免穿著綁帶式或複雜的鞋子,安檢時需要脫下外套、有金屬扣的皮帶和鞋子。

在飛機上填妥表格

　　通關文件在飛機上便抽空填妥,有問題時可以詢問空服員,一下機便能前往指定區域辦理通關。

將行李箱醒目標示

　　許多行李箱外觀相近,很容易誤取,除了掛上寫有個人資訊的行李牌外,建議再綁或貼上不易脫落的明顯特殊標示。

【America】

步驟 4
▼
掌握美國
景點資訊

美國分區
主要觀光城市介紹

1▶1 美國西海岸

加利福尼亞州洛杉磯
（Los Angeles, California）

加利福尼亞州
◎洛杉磯

　　洛杉磯市（City of Los Angeles），本是西班牙語「天使之城」的意思，常縮寫為L.A.或稱洛城，都會區高達一千七百萬人口，使其成為僅次於紐約的美國第二大城市。洛杉磯位於美國西岸加州南部，四周被廣大的山脈、峽谷、森林、沿太平洋美麗的海灘及附近的沙漠所環繞，充滿各種不同的自然風景地貌，得天獨厚的環境加上終年晴朗的好天氣，讓此地的娛樂事業盛行，尤其是音樂、電視、電影相關產業，許多影片的拍攝和後製，以及盛大的首映會都在洛杉磯。而有著許多著名電影公司設址的小鎮好萊塢，幾乎與南加州的電影工業劃上等號，高懸在山坡上的白色大字「HOLLYWOOD」更成為洛杉磯的象徵性地標和觀光客遊覽的重點。

HOLLYWOOD是洛杉磯地標

▶▶ 格里菲斯天文臺（ Griffith Observatory ）

　　由洛杉磯市政府管理營運的格里菲斯天文臺，座落在格里菲斯公園的好萊塢山上，裝飾藝術風格的建築上方有三個黑色大圓頂非常醒目，停車與入館均免費，提供富有教育性的天文展覽、中央圓頂太空劇場（票價3～7美金）、觀景望遠鏡和專人導覽的日落健行等活動，附設有咖啡廳與禮品部，被公認為遠眺同在公園內的李山上洛杉磯著名地標HOLLYWOOD最佳地點之一，並可居高臨下盡覽洛杉磯市風貌，開放至晚上10點，故同時是欣賞浪漫璀璨夜景的好去處。在晴朗無雲的夜晚，館方會開放限額600位遊客上到東邊圓頂內，使用超大型蔡司望遠鏡一窺銀河系的奧妙，而靠西邊圓頂內的太陽望遠鏡於白天開放。

天文台周邊視野極佳

格里菲斯天文臺
2800 E Observatory Ave., Los Angeles, CA 90027
（213）473-0800
www.griffithobs.org
周二至周五 12:00 ～ 17:30，周末 10:00 ～ 22:00。

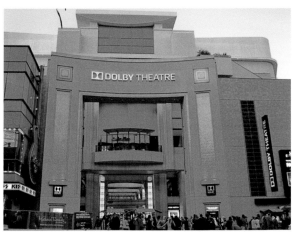
奧斯卡頒獎典禮在此舉辦

杜比劇院
6925 Hollywood Blvd., Hollywood, CA 90028
（323）308-6300
dolbytheatre.com
地鐵紅線到 Hollywood / Highland 站或 156 市區公車。

▶▶ 杜比劇院（ Dolby Theatre ）

　　原名柯達劇院，2002年起作為奧斯卡金像獎頒獎典禮的永久舉行地點，設置有全美最大的舞臺之一，最多能容納3,332名觀眾。奧斯卡一般在每年的2或3月舉辦頒獎典禮，其他時間劇院則供舉辦音樂、演唱、戲劇等表演，或是電影首映及其他頒獎典禮使用。劇院提供付費的深度導覽，由專人帶領參觀劇院內部設施如大舞臺、後臺、明星化妝間等，了解劇院如何籌備奧斯卡盛會，模擬體驗親臨奧斯卡坐在明星座位的有趣感受，全程禁止攝影，費用為成人17美金，官網上常有折價券供列印使用。

101

▶▶ TCL中國戲院（TCL Chinese Theatre）

　　開幕於1927年的中國戲院外觀仿照中國寺廟建造，特殊的屋頂形狀、正門兩尊石獅與鮮明的龍裝飾，戲院內富麗堂皇的裝潢，處處充滿特色使其廣受遊客歡迎。中國戲院是許多經典電影如《金剛》和《星際大戰》的首映會場，奧斯卡金像獎在1944～1946年間也曾短暫於此頒發，戲院前庭裡超過兩百位好萊塢巨星手、腳印甚至是鼻印為參觀重點。

DATA

TCL 中國戲院
🏠 6925 Hollywood Blvd., Hollywood, CA 90028
📞 （323）461-3331
💻 tclchinesetheatres.com
🚇 地鐵紅線到 Hollywood / Highland 站或 156 市區公車。

和大明星們比劃手腳大小

中國戲院外觀東方色彩強烈

▶▶ 好萊塢星光大道（Hollywood Walk of Fame）

　　星光大道位於沿著好萊塢大道延伸的人行道上，共有超過2,500顆星星排列，每顆星型獎章都代表對娛樂事業發展有貢獻名人的表彰，受獎者名字下方則為一環狀標誌，象徵著受獎人有所貢獻的領域。從杜比劇院到中國戲院是最熱鬧的一段，往往人潮洶湧，也常可見許多裝扮成電影中人物或明星的街頭藝人，熱情地和遊客打招呼，合照需付些小費，建議每次至少給1美金。

DATA

好萊塢星光大道
🏠 7018 Hollywood Blvd., Los Angeles, CA 90028
📞 （323）469-8311
💻 walkoffame.com

好萊塢星光大道

▶ 好萊塢環球影城
(Universal Studios Hollywood)

　　包含電影製片廠及主題樂園，大人小孩都能盡情享受歡樂的園地，可搭乘各項電影主題遊樂設施，如最新的變形金剛3-D飛車、經典的侏儸紀公園之旅、史瑞克4-D電影、身歷其境的金剛360度3-D、詭譎刺激神鬼傳奇木乃伊飛車等。不可錯過的還有可親身體驗拍片現場與幕後特效的環遊列車，全程導覽講解帶領遊客認識電影的拍攝過程。園區中有知名電影或卡通人物穿梭與遊客互動合照，如變型金剛柯博文、大黃蜂、神偷奶爸小小兵、辛普森家族、史瑞克、海綿寶寶等。園區外的環球城市漫步（Universal CityWalk）為一大型娛樂、餐飲及購物長廊，有超過30間餐廳、多家知名品牌商店、IMAX戲院，以及精采不歇的夜生活，無需門票。

好萊塢環球影城
🏠 100 Universal City Plaza, Universal City, CA 91608
📞 （818）777-1000
🖥 universalstudioshollywood.com
💲 單日 10 歲以上 84 美金，3 ～ 9 歲 76 美金（兩次入園券限網上購買，10 歲以上 93 美金，3 ～ 9 歲 85 美金）。
🚌 地鐵紅線到 Universal City / Studio City 站後，搭乘免費環球接駁車。

DATA

環球影城入口處的象徵地標

影城裡有打扮成經典電影角色的演員和遊客互動

環球城市漫步集合餐飲、娛樂、購物

103

選個位子坐下來品嘗農夫市場裡的小吃

格洛夫商場內有許多知名品牌商店

▶▶ 格洛夫商場與農夫市場
(The Grove / Farmer's Market)

　　Meet me at 3rd and Fairfax! 農夫市場開幕於1934年，是洛杉磯歷史地標及觀光重點，販賣當地自產新鮮蔬果、麵包肉類，內有超過百間的小吃攤與餐廳、商店與紀念品店，在此可以品嘗各式風味小吃，建議不要集中於一間店吃飽，少量多嘗試幾種會更有樂趣，雖價格稍微偏高，但值得前往感受一下洛杉磯的市井風情。格洛夫是一個位在農夫市場旁的現代複合式商場，包含有Nordstrom百貨公司、電影院、Barnes & Noble書店、數間餐廳，以及知名品牌如Abercrombie and Fitch、Michael Kors、COACH、GAP、Nike與契爾氏等。

DATA

格洛夫商場與農夫市場
189 The Grove Dr. & 6333 W. 3rd St., Los Angeles, CA 90036
thegrovela.com & www.farmersmarketla.com
於 Wilshire / Western 地鐵站搭乘西向 Metro Rapid Bus 720。

白色鐘樓是農夫市場的代表建物

滑板場是吸引年輕人聚集的地方

▶ ▶ 威尼斯海灘與步道
（Venice Beach & Boardwalk）

　　威尼斯海灘位於洛杉磯市西區，是當地重要的文化中心，具多元文化色彩和現代風貌，以聚集許多藝術家、形形色色的街頭藝人、特色攤販與美麗的海灘著稱，同時是愛好衝浪者的好去處，每年有超過一千六百萬遊客，在威尼斯海灘旁步道上「什麼商店都有，賣什麼都不奇怪」，穿著奇裝異服打扮前衛的遊客也成為景點之一。建築牆上的大型壁畫與塗鴉吸引遊客駐足拍照，沿岸有自行車道及溜冰步道、大型的滑板場、籃球場、手球場等，值得一提的是位於步道中段的肌肉海灘（Muscle Beach），可見許多特地來此露天健身房鍛鍊肌肉，大秀好身材、展現陽剛美的美女與猛男。

DATA

威尼斯海灘與步道
🏠 1800 Ocean Front Walk, Venice, CA 90291
📞 （310）399-2775
🌐 venicebeach.com
🚌 搭乘 Metro Rapid Line 733 至 MAIN ST /
GRAND BLVD-SE 站。

威尼斯海灘步道上各式商店林立

加利福尼亞州舊金山（San Francisco, California）

有「全美最美麗城市」之稱的舊金山，最早由西班牙人建立，是位於加州北部的一港口城市，三面環水，有著浪漫的港灣，氣候宜人、風光明媚，總面積231平方公里，大約76萬人口，密度是全美國大城市第二高，僅次於紐約市，同時也是美國西部的文化和金融中心，

為美國太平洋岸僅次於洛杉磯的第二大城、重要海港及軍事基地。19世紀，這裡是美國加州淘金潮的中心地區，當時的中國移民稱這個城市為「金山」，當淘金熱潮過去，金山不再，也就理所當然的成了「舊」金山，舊金山又名三藩市，因居住此地大量的廣東移民以使用粵語為主，翻譯San Francisco聽起來就近似三藩市。

DATA

遊客服務中心

🏛 900 Market St., San Francisco, CA 94102（Hallidie Plaza 地下室）

📞（415）283-0177

📧 sanfrancisco.travel

🕐 周一至周五 09:00 ～ 17:00，周六、周日及節日 09:00 ～ 15:00（5 ～ 10 月）；周一至周五 09:00 ～ 17:00，周六 09:00 ～ 15:00，周日休館（11 ～ 4 月）。

🚈 輕軌電車 Muni Metro 或叮噹車至 Powell Station / Downtown 站。

眺望舊金山市容與金門大橋

▶ ▶ 金門大橋（Golden Gate Bridge**）**

金門大橋啟用於1937年，全長約2.7公里，雙向共六個車道，曾是世界上最長與橋墩間跨距最大的懸索橋，連接舊金山與加州北方的其他郡縣，取代了原先唯一的交通方式渡輪。大橋跨越了連接舊金山灣與太平洋間的金門海峽，鮮豔的橘紅橋身塗裝，搭配著碧海藍天形成美麗絕倫的風景，建築師選用此色的原因除了有考量與周邊環境的協調之外，也意圖讓其在金門海峽時有的大霧中能顯得較醒目。參觀大橋最佳的方式為步行或自行車，主要的參觀步道在橋東側，行人與自行車共同使用，唯自行車僅開放至下午3:30。

DATA

🏛 金門大橋
Golden Gate Bridge, San Francisco, CA 94129
🕒 （415）921-5858
🖥 goldengatebridge.org
🚌 從聯合廣場附近的 Sutter St. 與 Stockton St. 交叉口搭乘 Muni 30 號公車，然後於 Chestnut St. 與 Laguna St. 交叉口轉乘 28 號公車即可達；如遇周日或節日可於 Sutter St. 與 Stockton St. 交叉口搭乘 76 號公車直達，或可留心有數條行車路線的 Golden Gate Transit 站牌搭乘 GGT 公車。

金門大橋上的行人參觀步道

107

橘紅色橋身塗裝是為了在霧中能更醒目

▶ ▶ **叮噹車博物館**（Cable Car Museum）

　　穿梭在舊金山各主要道路的電纜車（Cable Car），絕對是悠遊舊金山的最佳交通方式選擇，因其行進和起停間發出清脆的叮噹聲，故被暱稱為叮噹車，同時也是當地人生活中不可或缺的代步工具。總站Powell St. Station位於Powell St.與Market St.交叉口的小廣場，既是終點站也是起點站，叮噹車會在此迴轉調頭，靠人力把停在大圓盤上的叮噹車順著軌道轉圈換向，這樣獨特有趣的方式就像是場街頭表演，所以不論什麼時候這裡總是很多遊客駐足拍照，推車的司機也成了舊金山最生動的景色之一。

　　叮噹車從1873年開始運轉，至今已有約一百四十年歷史，1906年舊金山大地震造成當時鋪設的大部分纜線毀損，被搶救保留至今仍在營運的只剩三條路線，分別為Powell Hyde Line、Powell Mason Line和California Line。在博物館裡還可以看到已退役的舊式纜車、早期的纜車站牌、充滿歷史性的機具和照片展示，並可在底層透過透明玻璃觀看纜車系統中央動力室內不停地運轉的主纜和飛輪。

叮噹車博物館
🏛 1201 Mason St., San Francisco, CA 94108
📞 （415）474-1887
💻 www.cablecarmuseum.org
🕙 10:00～18:00（4月1日至9月30日）、10:00～17:00（10月1日至3月31日）。
🚃 搭乘叮噹車 Powell-Hyde 或 Powell-Mason 線於接近 Washington St. 前下車後，步行2分鐘。

紅磚外牆的叮噹車博物館

Info

交通資訊

　　若是決定要以叮噹車和街車作為主要的移動方式，建議先去遊客服務中心，索取地圖相關旅遊資料，以及購買MUNI Passport，分一日券13美金、三日券20美金、七日券26美金，效期內可無限次數搭乘包括電車（metro）、街車（street car）、叮噹車（cable car），以及公車（bus）共四種交通工具。

不停地運轉的主纜和飛輪為叮噹車產生動力

總站剛完成調頭的叮噹車

▶ ▶ 九曲花徑（Lombard St.）

　　這條通往Russian Hill的道路被冠上了「世界上最彎曲的街」（The Crookedest Street in the World）之稱號，倫巴底街（Lombard St.）中文名亦常被譯做九曲花徑，這個美麗的名字往往誤導人以為共有九個彎，其實這段陡坡只有八個連續彎道。倫巴底街最早是雙向直行車道，但由於坡度太陡，使得很多車子下得來卻上不去，於是改以之字形重新修築，方便行人及車子上坡，短短的一段路，吸引無數觀光客慕名前來一探究竟，開車下坡考驗一下自己的駕車技術。路程雖短卻可能是最難開車經過也最塞的一段市區道路，首先要有很耗費時間的心理準備，因其只開放單向下坡及時速5英哩的限制，且總是有很多車子在排隊，再來若遇到前面有技術不好的駕駛卡在中間不上不下的，常造成嚴重的交通阻塞。欣賞倫巴底街美景的最佳方式，搭乘叮噹車到倫巴底街起點的停靠站，然後沿著兩旁的步道步行下坡。

DATA

九曲花徑
🏛 999 Lombard St., San Francisco, CA 94199
🚋 搭乘叮噹車 Powell-Hyde Line 或 Muni 45 號公車於 Lombard St. 下車。

駕車技術不好的人可別輕易嘗試

▶ ▶ **中國城（**Chinatown**）**

　　舊金山的中國城又稱唐人街，被譽為是亞洲區以外最大的中國城，亦是北美最早的華人社區，不令人感到意外的，它同時為加州這個人口最稠密城市中的人口最稠密地區，像是自成一格的華人世界。都板街（Grant Ave.）是中國城的主要道路，城內大多的商店和餐廳都是沿著這條街開設，有超過三百家以上的餐廳和商店，在南端入口處的天下為公牌坊（Chinatown Gateway）已成為中國城的象徵。看起來好像歷史與中國城一樣悠久的這個牌坊，其實是在1969年才搭建的，是中華民國政府贈送的禮物，上面有著國父孫中山手書的「天下為公」四字，因有兩條龍的雕塑盤據其上，故又以龍門（Dragon Gate）之名為人所熟知。

中國城牌坊

🏠 Grant Ave. & Bush St., San Francisco, CA 94108

✉ sanfranciscochinatown.com

🚋 搭乘叮噹車 Powell-Hyde 或 Powell-Mason 線於 Bush St. 下車步行。

穿過了牌坊就有如置身在華人世界

▶▶ 漁人碼頭（Fisherman's Wharf）

　　漁人碼頭可說是舊金山最熱門的觀光區，範圍大致為吉拉德里廣場（Ghirardelli Square）往東到35號碼頭，紀念品商店與特色餐廳林立，知名的景點包括39號碼頭、罐頭工廠購物中心（The Cannery）、信不信由你博物館、蠟像館、海灣水族館、舊金山海洋國家歷史公園等，區內各碼頭也是眺望惡魔島（Alcatraz）的好地點，美麗的港灣風情與傍晚時分輕輕滑落在金黃海面的一抹夕陽，帶來無限浪漫情懷。

　　若想品嘗海鮮，較平價的選擇是43號碼頭區，漁人碼頭紅蟹地標旁的那五、六家連在一起的海鮮攤販，雖不算精緻但保證新鮮，有肥美的螃蟹、鮮甜的生蠔、蝦冷盤、小章魚等，告訴店家看中哪隻螃蟹，老闆就會在秤重計價後放入滾燙的大鍋裡烹煮，飽餐下來的花費大約折合臺幣800～900元，拿到用紙盒盛裝煮好的螃蟹就趕緊來享用這專屬於旅人的鮮甜滋味吧！而那些不怕人的海鷗早已等候在一旁，準備搶食遊客沒吃乾淨丟進垃圾桶的麵包和螃蟹殼，也是幅有趣的景象。

螃蟹地標是漁人碼頭代表物

到漁人碼頭一定要品嘗海鮮

漁人碼頭
🏛 Kearny St., San Francisco, CA 94133
☎ （415）674-7503
🖥 fishermanswharf.org
🚌🚋 搭乘叮噹車 Powell-Hyde 或 Powell-Mason 線於底站下車，步行或於 Market St. 搭乘輕軌電車 F 線往漁人碼頭。

Info

分量十足的美味麵包碗蛤蜊巧達湯

波丁酸麵包工廠

　　要品嘗好喝的蛤蜊巧達湯，就去波丁酸麵包工廠（Boudin Sourdough Bakery and Cafe at the Wharf），波丁創立於1849年，是舊金山歷史最悠久的麵包廠，酸麵包以舊金山獨特的天然酵母菌發酵製成。時至今日，在每一個波丁酸麵包裡都還保留最原始的配方和已經傳承百年的老麵酵母菌，造就其獨一無二且無可複製的特殊風味，網站：store.boudinbakery.com。

▶▶ **海獅樂園39號碼頭**（PIER 39）

　　2009年底原本駐留在39號碼頭K船塢（K-Dock）的1,500多隻海獅，突然一夕之間消失不見了蹤跡，過去吵雜的碼頭只剩海獅特有的難聞氣味和留給舊金山人的無比惆悵。這些海獅最早出現於1989年10月舊金山大地震後，海洋生物學家說，牠們本來就只是作客舊金山的「訪客」，在39號碼頭安居樂業待了二十年後，又突然集體消失，原本擁擠的碼頭空蕩蕩的只剩20餘隻海獅，據說是為了覓食而再次移居。然而2010年5月在舊金山市慶祝海獅居住二十周年時，有400多隻的海獅回來趕上慶典，現在的K船塢又恢復了以往的熱鬧，白天時慵懶躺在船塢木板上做著日光浴的海獅們此起彼落的叫囂著，成為舊金山著名的景觀。39號碼頭現為一大型複合式商場，提供遊客娛樂、用餐、購物的一站式多重體驗，並有街頭藝人演出與現場音樂秀等。

DATA

39 號碼頭
Beach St. & The Embarcadero, San Francisco, CA 94133
（415）981-7437
pier39.com
搭乘叮噹車 Powell-Mason 線於底站下車，步行或於 Market St. 搭乘輕軌電車 F 線往漁人碼頭。

Info

海獅實況轉播
　　39號碼頭網站可觀看海獅實況轉播，網址：www.pier39.com/home/the-sea-lion-story/sea-lion-webcam。

群聚的海獅發出吵雜的叫聲

華盛頓州西雅圖

（Seattle, Washington）

　　西雅圖是北美西北太平洋區最大的都會區，亦是美國成長最快速的城市之一，都會區人口約330萬，西雅圖市位處於普吉特海灣與華盛頓湖之間的地峽，約有63萬人口居住於市區，是被公認最適宜人居住的城市之一。依山傍水風景秀麗，富有歷史人文氣息，歷經了伐木業式微、19世紀末淘金熱不再、20世紀造船業沒落與60、70年代航空業的蕭條，西雅圖並未因此被歷史的洪流所淹沒，新興的網路服務與科技產業再度為其帶來曙光，許多「財星世界500大」公司，如亞馬遜、星巴克、諾德斯壯百貨，以及倉儲式量販店龍頭好市多的總部均設於此。西雅圖的另一個別稱是「阿拉斯加門戶」（Gateway to Alaska），主因其為前往阿拉斯加的最主要轉機點，並且是阿拉斯加航空的樞紐機場。

從太空針塔上欣賞西雅圖

▶▶ **太空針塔**（Space Needle）

在西雅圖很多地方都可以看到其最著名的地標——太空針塔（Space Needle），座落於西雅圖中心（Seattle Center）的太空針塔，是1962年世界博覽會時建造的，而這座造型特異的塔也幾乎和西雅圖劃上了等號。太空針塔高達184公尺（約是六十層樓高），可抵禦時速高達320公里的強風和9.1級的強烈地震，塔頂上共裝置了25處的避雷針以避免雷擊造成損壞。上到頂部觀景臺的超長電梯平常以每小時16公里的時速上升，從底部到塔頂共需時43秒，若是在風勢大的日子，則會減速到約每小時8公里。如果在接近用餐的時間前往，可以考慮在附設的Sky City餐廳內用餐，用餐的型態是自助餐式，因為很熱門所以要先預約，特色就是遊客在用餐時，每隔45分鐘餐廳會平面360度緩慢旋轉，讓遊客可以邊用餐邊欣賞窗外美景，若是有在Sky City用餐，就可以不用另外買太空針塔門票。

太空針塔為全美第三高的觀測塔

115

DATA

太空針塔

🏢 400 Broad St., Seattle, WA 98109

📞（206）905-2100

📧 www.spaceneedle.com

🕐 周日至周四 09:00 ～ 23:00，周五、周六 09:00 ～ 00:00。

$ 13 ～ 64 歲 18 美金、4 ～ 12 歲 11 美金。

Info

周邊景點

占地70英畝的西雅圖中心有超過四十個以上的區域，除了太空針塔之外，其他還有不少值得一逛的景點，如國際噴泉（International Fountain）、太平洋科學中心（Pacific Science Center）、體驗音樂館（Experience Music Project）、兒童博物館（The Children's Museum）等。

派克市場總是人潮洶湧

各種色彩鮮豔的椒懸掛販售著

號稱「世界有名」的魚攤

▶ ▶ **派克市場**（Pike Place Public Market）

　　一城市一市集，在市集裡看見城市的流轉，體現城市的變遷成長。占地9英畝的派克市場，流傳著無數的動人故事，經歷了重建、都市更新計畫仍歷久彌新，至今已帶給西雅圖人超過一世紀新鮮平價農產品。市場成立緣起是在1906～1907年間洋蔥的價格飆升十倍，西雅圖市民受夠了中盤商從中謀取暴利的行徑，於是一位名為Thomas Revelle的市議員提出了成立公共農夫市場的構想，讓農人不再透過中盤商直接面對消費者銷售其農作物，此後農人不用再受剝削、消費者也可以購買到合理價格的蔬果，這個概念至今仍是派克市場運行的圭臬。現在的派克市場，每年吸引超過一千萬名來自世界各地的遊客造訪，有超過200個店家、約190個手工藝術家、100個日租攤位、240名街頭表演者和音樂家，以及為數眾多的住民。市場中最有名氣的攤位是主入口處的Pike Place Fish Market，特色是店員施展的拋魚絕技，遊客們可要小心飛魚來襲唷！

派克市場
1st Ave. & Pike St., Seattle, WA 98101
（206）682-7453
pikeplacemarket.org
周一至周六 10:00 ～ 18:00，周日 11:00 ～ 17:00。

DATA

▶ ▶ 波仕特巷口香糖牆（Post Alley Gum Wall）

逛過了派克市場，不妨留點時間繞進附近的幾條小巷弄，這些看似不起眼的巷弄常讓人有種走進小說《哈利波特》中斜角巷的感覺。在其中最有名的一條波仕特巷裡，也有一面最近才成為西雅圖新景點的牆，特別之處就是它實在是太噁心了，作為美國知名旅遊評鑑網站「Tripadvisor」票選全球十大最髒、最不衛生景點的第二名，噁心程度則為世界第一，累積了超過百萬塊咀嚼過的乾掉口香糖，這面牆簡直是全民玩藝術下的前衛作品。

之所以會有現在這樣驚人的面貌要回溯到90年代，等候進戲院的群眾無聊的開始把吃

過的口香糖隨手黏在牆上，漸漸地其他來看戲的人也跟著效法打發等待時間，於是有人開始拼字、創造圖案、黏貼任何他們可以找到小東西、錢幣、迴紋針等，戲院的老闆對此感冒不已，更別提欣賞了，數次請人刮除清理牆面，但無論怎麼樣清理總是會有更多口香糖出現，終於戲院放棄了抗議，就隨它發展吧！若身上有口香糖那不妨就嚼個一兩片，然後加入這面牆的創作，試想這世界上還有哪個觀光景點可以讓人隨便亂黏口香糖，而不會惹來大麻煩呢？

世界上最噁心的一面牆

117

波仕特巷的入口就在派克市場前不遠

▶ ▶ 第一間星巴克咖啡（Original Starbucks）

Starbucks的取名是由小說《白鯨記》發想而來。1971年3月30日在西雅圖開設第一家店，1971～1976年是在Western Ave.，到了1976年才遷到派克市場現址直至今日，只是當初誰也沒想到一間狹窄小小店面的咖啡店，而今卻發展成了跨國咖啡企業王國，星巴克咖啡館遍布全球各大城市，在五十個國家已有超過一萬五千家分店。第一家星巴克無疑是個大景點，有著無可取代的風味，但別期待見到像其他地方那種有著大大空間、舒適沙發區的星巴克，這家創始店實在是一點也不大，連椅子都沒有。多數時間這間星巴克都是呈現爆滿狀態，好不容易買到了咖啡只能站著喝，但前提是必須要先通過耐心的排隊過程，並且能幸運順利的擠進店內才行，有趣的是，當有人表現得好像進入聖地一般的莊嚴崇敬，也有人只是想買杯熱拿鐵就走。

店內寫著第一間星巴克咖啡的黃銅色標誌

DATA

第一間星巴克咖啡

🏛 1912 Pike Place Seattle, WA 98101

📞 （206）448-8762

✉ starbucks.com

創始店仍使用星巴克最早期的logo

▶ ▶ 艾略特灣碼頭區（Elliott Bay）

艾略特灣距離派克市場不遠，往海灣方向走，跨過Alaskan大道，就可達碼頭區。57號碼頭上的大型木造建築Bay Pavilion，展示了西雅圖如何從過去一個港口工業城市，轉變為今日旅遊觀光大城的歷史進程，並設有手工藝紀念品店、多樣電子遊樂機具、海鮮餐廳、美式小吃和冰淇淋店等，若是想要重溫兒時回憶，裡面還有一座旋轉木馬。入口處旁有間知名的螃蟹餐廳The Crab Pot，它的獨特之處，是上菜時不是用法式海鮮盤而是把螃蟹、帝王蟹腳等海鮮，直接就嘩啦的一聲倒在鋪了餐巾紙的桌上，讓客人用手取用剝殼、大快朵頤。57～59號碼頭間是海濱公園（Waterfront Park），公園內有個瞭望臺可上去，站在此處可將艾略特灣美景盡收眼底，天氣晴朗時還能遠眺標高4,392公尺的滑雪勝地雷尼爾山。

西雅圖的港灣風情

沿著Alaskan道走便可到碼頭區

▶ ▶ 西雅圖水族館（Seattle Aquarium）

西雅圖水族館位於59號碼頭，開幕於1977年，很受當地居民歡迎，每年訪客數約有八十萬人，為全美第九大水族館，展出華盛頓州鄰近的普吉特海灣特色海生物、特殊怪異的深海魚類、海洋哺乳類動物和巨大的章魚等，並開放遊客觀賞保育員餵食海獺、海豹和潛水鳥。

DATA

西雅圖水族館
🏛 1483 Alaskan Way, Seattle, WA 98101
📞 （206）386-4300
🖥 seattleaquarium.org
🕐 周一至周日 09:30 ～ 17:00，全年無休。
💲 13 歲以上 21.95 美金、4 ～ 12 歲 14.95 美金。

色彩鮮豔的珊瑚與魚

119

Info

西雅圖單軌電車

要往來太空針塔、西雅圖市區，或是派克市場、碼頭區，不妨嘗試搭乘便捷的西雅圖單軌電車（Seattle Center Monorail），每隔10分鐘發車，往來西雅圖中心和西湖購物中心（Westlake Center Mall），中間沒有停靠站，總長約2.4公里，車程只要2分鐘，相當方便。

不妨體驗一下西雅圖單軌電車

內華達州拉斯維加斯（Las Vegas, Nevada）

內華達州

拉斯維加斯

北

紙醉金迷的不夜城：拉斯維加斯

拉斯維加斯是沙漠中的奇蹟，原本一個荒蕪小鎮，竟然發展成全美最大最繁華的賭城，也有人打趣的稱整個拉斯維加斯就如同一座大型遊樂場。既稱賭城其旅遊重點便以為數眾多的各家主題賭場為主軸貫串，1931年美國經濟大蕭條期間，內華達州政府為求突破困境，宣布賭博合法化，立時使得當地博弈業迅速蓬勃發展。而拉斯維加斯之所以能夠成為美西觀光重鎮，自然有其特色，除了眾多的豪華飯店與賭場之外，各大賭場前庭都有其特殊景致，如金銀島飯店前的海盜船大戰表演、Bellagio飯店前的水舞表演，還有各飯店精心安排演出的舞臺秀等，都極具特色，娛樂性絲毫不亞於紐約百老匯地區。拉斯維加斯大道上各賭場間甚至建有天橋銜接，並設有電扶梯方便上下，連走路逛街都替遊客節省體力設想周到，也因此造就賭城終年遊客絡繹不絕的熱鬧景象。

到賭城不妨小試手氣

竟然連機場內都廣設吃角子老虎機

拉斯維加斯觀光大道

全長約6.8公里的拉斯維加斯觀光大道（Las Vegas Strip），並不在市中心內，而是延伸拉斯維加斯大道（Las Vegas Boulevard），從市中心邊界外開始起算的一段路，是後期新設超大型賭場、購物商場、豪華酒店和度假村最為集中的區域，也就是現在一般人印象中的拉斯維加斯。著名的「歡迎來到無與倫比的拉斯維加斯」（Welcome to Fabulous Las Vegas）地標，就位在觀光大道南端的入口，距離位置最南的曼德勒海灣賭場度假村約600公尺。

▶ ▶ **佛里蒙特街體驗**（Fremont Street Experience）

　　入夜後才正式拉起精采絕倫夜生活的序幕，市中心核心地帶的佛里蒙特街是拉斯維加斯最早開發的街道，為當地第一條經過鋪設和第一座交通號誌豎立的道路，是許多1930年早期賭場的所在地。而「佛里蒙特街體驗」是一個五光十色的娛樂長廊，長度約跨七個街區，超過一千兩百萬顆LED燈所構成的世界最大圓弧銀幕Viva Vision是強打主題景點，晚上7點起每個整點變換圖案的5分鐘燈光秀搭配音樂，讓人彷彿進入了奇幻世界，除了購物、用餐之外，還有免費的現場表演，並時有特殊的活動吸引遊客參與。附近的霓虹燈博物館（Neon Museum）收藏了上百個從30年代晚期至90年代早期的各式招牌，充滿著濃濃的懷舊復古風。

五光十色的拉斯維加斯之夜

DATA

佛里蒙特街體驗
🏛 425 Fremont St., Las Vegas, NV 89101
📞 （702）678-5600
🖥 vegasexperience.com
⌚ 黃昏至午夜。

霓虹燈博物館展出各式早期招牌

隨著悠揚樂音翩翩起舞的水柱

▶ ▶ 百樂宮酒店水舞秀
（ Fountains at Bellagio ）

　　最常被票選為拉斯維加斯必遊景點第一名的超大型水舞秀，超過一千兩百支水柱隨著音樂起舞，選用的曲目包含經典流行歌曲、耳熟能詳的電影主題曲、百老匯音樂劇和美國國歌等，時而優雅、時而激昂，觀賞的同時不禁讓人開始隨著節奏律動。噴泉最高可達140公尺，在七彩燈光的搭配下變化萬千，每每讓現場的遊客們驚呼連連、嘆為觀止。

> 百樂宮酒店
> 🏨 3600 Las Vegas Blvd. S, Las Vegas, NV 89109
> 📞 （702）693-7111
> 📧 bellagio.com
> ⌚ 周一至周五 17:00 ～ 00:00，周六、周日 12:00 ～ 00:00（晚上 8 點前間隔 30 分鐘，8 點後間隔 15 分鐘）。
> 💲 免費。

彷彿置身義大利水都威尼斯

▶ ▶ 威尼斯人酒店乘貢多拉
（ Gondola Ride at the Venetian ）

　　以義大利威尼斯水鄉為主題的威尼斯人酒店，處處充滿了威尼斯浪漫風情與特色，酒店範圍內，除了一座座拱橋、運河水道及石板路之外，複製版的總督宮、聖馬可廣場與鐘樓、威尼斯石獅像、里阿爾托橋，都會讓人有宛如置身威尼斯的錯覺，在此可以乘坐威尼斯特有和最具代表性的傳統划船——貢多拉，由站在船尾划槳的船夫導覽，輕鬆欣賞四周美景。

> 威尼斯人酒店
> 🏨 3355 Las Vegas Blvd. S, Las Vegas, NV 89109
> 📞 （702）414-4300
> 📧 venetian.com
> ⌚ 周日至周四 10:00 ～ 23:00、周五至周六 10:00 ～ 00:00。
> 💲 18.95 美金（4 人共乘），需親自預約。

▶ ▶ **馬戲團酒店馬戲表演**（Circus Acts at Circus Circus Hotel）

　　免費的熱鬧馬戲表演。馬戲團酒店本身就是一個大型遊樂場，擁有世界最大的固定地點馬戲團、世界最大的室內空調遊樂園——冒險樂園，還有迷你高爾夫球場、攀岩場等，不像一般賭場帶給人紙醉金迷的印象，這裡是適合童心未泯的大朋友和親子同遊的歡樂天堂，包含多達25項的家庭遊樂區域與設施。嘉年華會馬戲表演為自由入座，表演舞臺四周即為遊戲場，並有一間麥當勞。

DATA

馬戲團酒店
🖨 2880 Las Vegas Blvd. S, Las Vegas, NV 89109
📞 （702）734-0410
📧 circuscircus.com
🕐 每日 11:00 起至午夜，每 30 分鐘一場。
💲 免費。

Info

冒險樂園
　　冒險樂園（Adventuredome），全日無限次乘坐票：成人29.95美金、兒童16.95美金，網址：adventuredome.com。

精采的特技表演免費觀賞

每場單一主題長約15分鐘

熊熊冒出的火焰使緊張刺激度加倍

▶▶ 幻影酒店火山爆發（Mirage Volcano）

　　幻影火山和百樂宮水舞秀的設計與運作同為音樂噴泉規劃公司WET，火山噴發冒出的熊熊火焰與滾燙的熔岩從岩縫中迸出，迎風撲面而來的熱度既真實又帶著幾分緊張感，逼真程度讓人讚嘆不已。幻影酒店還有另一個截然不同的知名景點，即是「齊格弗里德和羅伊的祕密花園與海豚館」，結合小型動物園與海生館的特色，遊客可觀賞白老虎、白獅、花豹、美洲豹及海豚等，需另外購票入館。

幻影酒店
🏠 3400 Las Vegas Blvd. S, Las Vegas, NV 89109
📞 （702）791-7111
💻 mirage.com
🕐 春季 17:00 起、夏季 20:00 起、冬季 18:00 起至午夜，每整點噴發。
💲 免費。

▶▶ 胡佛水壩（Hoover Dam）

　　位在拉斯維加斯東南方約48公里處，以美國第三十一任總統胡佛來命名的胡佛水壩，是美國及西半球最高的混凝土重力拱壩，座落於科羅拉多河黑峽谷河段，建造的目的是控制洪水、灌溉與發電，水流通過水庫底部的十七座發電機每年可產40億千瓦的電力，是全美最大水力發電設施之一。電力供應鄰近三個州：加利福尼亞州、內華達州、亞利桑那州使用，並且供應墨西哥水源，整個水壩的營運與維護經費全由其電力銷售的收入來支付。水壩也在多部電影和廣告中出現過，包括《海角擒兇》、《超人》、《變形金剛》等。

胡佛水壩
🏠 Boulder City, NV, 89006
📞 （702）494-2517
💻 usbr.gov/lc/hooverdam
🕐 09:00 ～ 18:00。
💲 17 ～ 61 歲 15 美金、62 歲以上及 4 ～ 16 歲 12 美金。

胡佛水壩是鄰近區域重要的電力供應來源

1	3
2	4
	5

1.世界上最金碧輝煌的不夜城——拉斯維加斯，歡迎您的光臨

2.Harrah's賭場中央的雕像，象徵著無數到拉斯維加斯一圓發財
　夢賭客的心中夢想

3.巴黎酒店外，建有模仿原比例一半（165公尺高）的艾菲爾
　鐵塔、凱旋門等建築，宛如縮小版巴黎

4.拉斯維加斯的「紅磨坊」（Moulin Rouge）賭場的舊霓虹招牌

5.《歌劇魅影之拉斯維加斯》是威尼斯人酒店的熱門駐場表演

125

紐約州紐約（New York, New York）

人稱「大蘋果」的紐約市是美國第一大都市，一直以來都扮演著全美經濟中心的重要角色，第二次世界大戰以後，更因美國國際地位的壯大，而成為全球舉足輕重的商業與金融中心，著名的華爾街亦成為資本家的代名詞，且由於聯合國設址於此，紐約也被視為全球的政治中心。但紐約市在世人的眼中，不僅是其政治經濟上的代表意義，還有它廣納各國移民多元文化的包容性與崇尚民主自由的博大胸懷。紐約市主要分為五大行政區，分別為曼哈頓區、布朗區、布魯克林區、皇后區，以及史坦頓島區，各有鮮明的特色與無窮的魅力。

紐約州
◎紐約

北

紐約市的城市天際線

▶▶ 時代廣場（Times Square）

　　時代廣場位在紐約中城區的中心位置，由百老匯大道、第七大道與42街交會所形成的三角形區塊，可說是最能感受紐約瞬息萬變潮流的地點，並且有許多知名品牌商品和餐廳，如MTV、硬石咖啡、賀喜巧克力、M&M巧克力世界、Quicksilver和玩具反斗城等。四周林立的巨幅劇院海報、高樓外牆上的大型電子看板與入夜後五光十色的廣告招牌，站在時代廣場中央往往令人有目不暇給之感，來自世界各國的觀光客、美國遊客、紐約當地人、街頭表演者在此激盪出精采的火花。

	時代廣場
🏠	Broadway and 7th Ave., New York, NY 10036
📞	（212）768-1560
✉	timessquarenyc.org
🚇	地鐵 1、2、3、7、9、N、R 線至 Time Sq.- 42nd St. 站。

Info

遊客服務中心

　　遊客服務中心就位在時代廣場的麥當勞旁，地址：1560 Broadway, New York, NY 10036，開放時間為08:00～20:00，提供免費無線網路，除了能免費索取旅遊資訊與地圖之外，還附設有講述時代廣場歷史的迷你博物館供免費參觀，以及欣賞在大廳播放長度約5分鐘的紀錄片，遊客可以在此寫下新年願望並張貼在許願牆上，這些五彩願望紙條將被放入時代廣場跨年倒數時降下的大水晶球中。

終日攘往熙來的時代廣場

127

只有廣受歡迎的劇目才能在百老匯屹立不搖

演出黑色喜劇《芝加哥》的大使劇院

時代廣場上的TKTS折價票亭

▶ ▶ 百老匯（Broadway）

　　百老匯大道是一條貫穿曼哈頓的南北向主要幹道，由於有為數眾多的大小劇院沿著道路及周邊設立，因此「百老匯」就成為紐約劇場表演的代稱。百老匯劇院的表演類型以音樂劇為主，依劇場規模、位置與受歡迎的程度又再分為「（內）百老匯、外百老匯、外外百老匯」；百老匯一般指集中於44～53街這段百老匯大道上的劇院，上演歷久不衰的經典音樂劇，如《獅子王》、《歌劇魅影》、《芝加哥》、《媽媽咪呀》等；而外外百老匯的小型劇院則多是演出具有實驗性質的戲劇，或是由新銳劇作家編寫的劇目，票價也相對便宜許多；唯有試演票房佳與受到好評者才會被移進41街和56街間的外百老匯演出；若是能再受到更廣大的歡迎才有機會擠進百老匯。有意欣賞音樂劇可以前往各劇院售票口購票，時代廣場的TKTS折價票亭提供各戲院當日最高折至半價的戲票（每張票加收4.5美金手續費）。

TKTS 折價票亭
Father Duffy Square, Broadway, New York, NY 10036
（212）912-9770
tdf.org/tkts

DATA

▶▶ 帝國大廈（Empire State Building）

全世界最有名的摩天辦公大樓，紐約與美國的歷史性地標，位在第五大道與西34街交會處，建成於1931年，共有103層樓，底部到頂端天線總高度達443公尺，建造過程僅花了11個月，反映出當時摩天大樓爭高競賽風氣的盛行，而其世界第一高樓的稱號直到1970年才被紐約世界貿易中心的北塔所取代。主要的觀景臺在86樓，欲再上到102樓頂部觀景臺門票需加價，在天氣晴朗的日子裡，能見度可達約130公里遠，居高臨下將紐約全景盡收眼底。

帝國大廈
🏠 350 5th Ave., New York, NY 10118
📞（212）736-3100
🖥 esbnyc.com
🕐 08:00 〜 02:00。
💲 成人 27 美金、兒童 6 〜 2 歲 21 美金（上至 86 樓，最後一班電梯為 01:15）。
🚇 地鐵 6 線至 33rd St. 站，或是 B、D、F、N、Q、R 線至 34th St. 站。
DATA

▶▶ 中央車站（Grand Central Terminal）

超過百年歷史的中央車站是紐約重要交通樞紐，改建完成揭幕於1913年2月2日，當時全站採行電氣鐵路地下化取代了原有的地面鐵路，1983年時被列入美國國家歷史文物保護名冊。車站除了作為交通轉運站之外，內有68間商店與35間餐廳，並頻繁舉辦許多活動，參觀重點包括42街正門的全世界最大蒂芬妮玻璃與圍繞著大鐘的希臘神話石雕、常被作為會面點的中央詢問處和其上的乳白玻璃四面鐘，以及大廳天花板上根據中世紀時期的星空圖所繪製的星空穹廬等，有趣的是這星空的位置竟然是反向的，就像是以上帝的視角從天堂往下俯視一般。

中央車站
🏠 89 E. 42nd St., New York, NY 10017
📞（212）340-2583
🖥 grandcentralterminal.com
🕐 05:30 〜 02:00。
🚇 地鐵 4、5、6、7、S 線至 42nd St.-Grand Central 站。
DATA

入夜之後大廈頂部會有燈光變換

車站內外都有值得欣賞之處

▶ ▶ **克萊斯勒大樓**（Chrysler Building）

　　紐約裝飾風藝術建築傑作代表之一，建於1930年，高319公尺、樓層數為77，在帝國大廈落成前短暫擁有世界第一高樓的頭銜，曾是克萊斯勒汽車公司總部所在。整棟大樓外觀的裝飾廣泛使用了其自家汽車工藝的素材，如外牆突出的老鷹雕像是來自於引擎蓋裝飾、31層樓處雙翼造型為仿製水箱蓋等，而頂部七層同心弧形不鏽鋼斜面頂冠和三角窗戶亦是最著名的特色之一，銀與白色的牆面在陽光下顯得十分耀眼奪目，是紐約天際線燦爛的一顆星。

DATA

克萊斯勒大樓

🏠 405 Lexington Ave., New York, NY 10174

📞 （212）682-3070

🕐 周一至周五 08:00 ～ 18:00。

🚇 地鐵 4、5、6、7、S 線至 42nd St.-Grand Central 站。

原為克萊斯勒汽車公司總部所在

華麗的裝飾風藝術代表建築

▶ ▶ **洛克斐勒中心**（Rockefeller Center）

　　19棟大廈集合而成的複合式商業中心，鄰近第五大道上精品名牌商店精華區段，1939年由紐約的一位富商與慈善家小約翰‧洛克斐勒及其家族所建，最早的14棟建築建於1930～1939年間，包含了知名的無線電城音樂廳（Radio City Music Hall）和奇異大樓（GE Building），也是美國國家廣播公司NBC的總部所在，除了商辦之外，還有書店、餐廳、各式商店、銀行、郵局等，占地廣大且機能完整，被稱為「城市中的城市」。大廈間公共空間的規劃使用，亦受到了相當的推崇，處處可見美麗的壁畫與石雕，第五大道上雙肩支撐蒼天的阿特拉斯青銅像和中央下層廣場的金色普羅米休斯像，更是不可錯過。

DATA

洛克斐勒中心

45 Rockefeller Plaza, New York, NY 10011

（877）692-7625

rockefellercenter.com

地鐵 F、D、B、V 線至 47-50th St. Rockefeller Center 站，或是 N、R 線至 49th St. 站，或是 1 線至 50th St. 站，或是 6 線至 51st St. 站。

Info

下層廣場

　　下層廣場於冬天時會成為溜冰場，廣受遊客歡迎，一般從10月開放至隔年4月，使用長度1.5小時的成人入場費27美金、11歲以下兒童15美金，租鞋費用為12美金。而自1993年起，每年放置於普羅米休斯像後方的超大型聖誕樹點燈傳統，更是冬季紐約市的亮點。

由數個摩天大樓組成的洛克斐勒中心

第五大道上的阿特拉斯青銅像

▶▶ 中央公園（Central Park）

　　曼哈頓上城區中央的長方形多功能城市公園，占地約3.5平方公里，長邊由南邊的55街綿延至北邊的11街，總長約4公里；短邊由西邊的西中央公園路至東邊的第五大道，總長約800公尺。每年約有三千五百萬名遊客造訪，內有數個人工湖與池塘、噴水池、攀岩場、溜冰場、二十一個兒童遊戲場、旋轉木馬、動物園和劇場等，以紐約為背景的電影或影集都不難看到在中央公園各處拍攝的場景，常可見到於此騎自行車、慢跑或野餐的人，實在令人很難想像這片讓人遠離塵囂的青翠城市綠洲竟是人工規劃建成。建議參觀重點，包括貝塞斯達露臺噴水池、愛麗絲夢遊仙境銅像、綿羊大草坪、約翰藍儂草莓紀念園、莎士比亞花園和眺望臺城堡等。

DATA

中央公園
🏠 5 Ave. to Central Park W. / 59 St. to 110 St., New York, NY, 10022
📞 （212）310-6600
✉ centralparknyc.org

中央公園是紐約人重要的生活空間

貝塞斯達露臺噴水池

愛麗絲夢遊仙境銅像

▶ ▶ 大都會藝術博物館（Metropolitan Museum of Art）

　　座落在中央公園東側，占地19萬平方公尺，世界上最大與收藏最廣泛且精深的博物館之一。館藏超過兩百萬件藝術品，時間縱走舊石器時代至現代，範圍橫跨東西與世界各國，空間分有十九個館，其下再設置許多展覽室，其中古埃及藝術館部中由埃及政府贈送的砂岩石丹鐸古神殿（Temple of Dendur）、珍貴的中國佛教雕塑收藏和屋頂花園的大型現代雕塑，都是極熱門的參觀點，屋頂同時是眺望紐約市景的好地方。若想要好好欣賞「大都會」精采豐富的展覽，至少需安排半天至一天的時間，並建議參加導覽行程或租借耳機。

DATA

大都會藝術博物館
🏛 1000 5th Ave., New York, NY 10028
📞（212）535-7710
💻 metmuseum.org
🕐 周二至周四 10:00 ～ 17:30，周五、周六 09:30 ～ 21:00。
💲 建議票價成人 25 美金、學生 12 美金、12 歲以下兒童免費。
🚇 地鐵 4、5、6 線至 86th St. 站。

古埃及藝術館部館藏廣博豐富

Info

門票自行捐獻

　　大都會博物館秉持著讓有心想要參觀者都可獲得機會的信念，讓遊客自行決定願意支付多少入館費用作為捐獻，並不強制收費，但原則上以博物館提供之建議票價為標準。

133

從埃及運來的砂岩石丹鐸古神殿

屋頂花園的大型現代雕塑

中世紀騎士雕像收藏

▶ ▶ 9/11**國家紀念館**（9/11 Memorial）

　　9/11恐怖事件後的十周年紀念日，建在原先世貿中心雙塔遺址的9/11紀念園揭幕，並於隔日對公眾開放，成為紐約市最新、同時也是最令人感到傷痛的景點，主要追思在1993年2月及2001年911事件中喪生的三千人。園區內種植超過四百棵樹與放置許多石椅讓參觀者能有安靜悼念的空間，紀念碑為兩個水流不斷的瀑布大水池，分為南、北池，其方形的外圍花崗岩上刻著罹難者的姓名。地下博物館開幕於2014年3月，永久館藏除了大樓殘骸的鋼骨結構之外，還包括相關文物、照片、錄音、影片、個人物品等。紀念區內提供免費無線網路。

博物館內展出911事件的大樓殘骸

DATA

9/11 國家紀念館
📠 1 Albany St., New York, NY 10006
📞 （212）266-5211
🖥 911memorial.org
🕙 10:00 ～ 18:00（時有變動）。
💲 免費（電話或網上預訂需支付 2 美金手續費）。
🚇 地鐵 A、C、J、Z、2、3、4、5 至 Fulton St. 站，或是 E 線至 World Trade Center 站，或是 R 線至 Cortlandt St. 站。

Info

參觀注意事項

　　參觀可直接至現場排隊索票，同一時段索完為止，但要預期人潮與約1小時左右或更久的排隊時間，入園無需付費，但建議做小額捐獻，另外，此處安檢較為嚴格需稍加留心，且包包大小不可超過19吋。

大水池花崗岩上刻著罹難者的姓名

提供中英文導覽手冊免費索取

紐約證券交易所

▶▶ **華爾街**（Wall Street）

一條不起眼的狹窄街道卻能牽動全球的金融脈動，周邊區域高樓大廈林立，曾是全美國最大的商業區之一，華爾街上有許多大型的證券交易所和銀行大樓，包含了最為人所知的代表，世界上第二大證券交易所──紐約證券交易所（已不開放入內參觀）。隨著1929年華爾街股市崩盤和後續經濟大蕭條，一直到近年發生的911事件，許多早期的金融公司都已陸續搬遷出華爾街，原先的辦公大樓則改為出租公寓，但「華爾街」早已不再只是街道名，而在概念意義上代表金融和經濟權力，諸如分析師、持股人、投資銀行等，對美國或世界經濟具有影響力的金融機構，都常被以「華爾街」代稱。

DATA
紐約證券交易所
🏛 11 Wall St., New York, NY 10005
📞（212）656-3000
📧 nyse.com
🚇 地鐵 1、2、4、5 線至 Wall St. 站。

華爾街與百老匯大道交會處

Info

周邊雕像

來到華爾街將會很快注意到聯邦國家紀念堂（Federal Hall National Memorial）前的喬治‧華盛頓雕像，這裡是華盛頓就職美國第一任總統的地點。另一個特殊有趣的華爾街地標是原先放置在紐約證交所前，後被移至附近Bowling Green公園的銅牛雕像，在美國的股票市場中，當價格上揚時市場熱絡被稱為「牛市」（bull market），反之則稱為「熊市」（bear market），那麼金牛當然就象徵著好兆頭，到了華爾街別忘了去摸摸牛頭，沾沾好運囉！

135

聯邦國家紀念堂前的喬治‧華盛頓雕像

據說會帶來好運的銅牛雕像

▶ ▶ **史坦頓島渡輪**（Staten Island Ferry）

　　還有什麼能比渡輪之旅更棒的呢？答案是在免費的渡輪上看自由女神和無敵紐約城市天際線！史坦頓島渡輪是紐約的大眾交通工具，每日來回通行於下曼哈頓和史坦頓島，單程航行時間約25分鐘，每年載運的旅客人次超過兩千萬。當船徐徐駛離曼哈頓，右前方的自由女神像逐漸清晰，身後紐約市的摩天大樓群開始縮小，與背景的藍天白雲靜靜地有如一張風景明信片，一轉身布魯克林大橋映入眼簾，趕快按下手中相機的快門捕捉這些美麗的剎那，還在意猶未盡之時船已抵達島上，但別難過，還有回程可以再次享受史坦頓島渡輪的浪漫與紐約港的無限風光。

史坦頓島渡輪乘船碼頭

DATA

史坦頓島渡輪
🏛 1 Whitehall St., New York, NY 10004
📞 （718）727-2508
🖥 siferry.com
🕐 全日／年無休，每 20 ～ 30 分鐘一班。
💲 免費。
🚇 地鐵 1、9 線至 South Ferry 站，或是 N、R 線至 Whitehall St. / South Ferry 站。

平穩的行駛在哈德遜河上

照耀世界的自由女神

▶ ▶ 自由女神像（Statue of Liberty）

紐約最著名的地標，為美國獨立建國百年時，法國人民所贈與的賀禮，巍然矗立於紐約港的自由島上，歡迎著飄洋過海前來尋求自由和美好生活的移民。其高舉的火炬有著「自由照耀世界」的含意，左手持的石板上銘刻以羅馬數字書寫的「JULY IV MDCCLXXVI」，即是美國發表《獨立宣言》的日期：1776年7月4日，而纏繞腳下的斷裂鏈條，則象徵著掙脫束縛獲得自由新生。搭乘前往自由島的渡輪可以現場購票，遇旅遊旺季時強烈建議先於網上訂票（statuecruises.com），渡輪亦會停靠艾利斯島，可於島上參觀「移民博物館」。

DATA

自由島
- ☎ （212）363-3200
- 🖥 nps.gov/stli
- 🕐 09:30 ～ 17:00（時有變動），除了聖誕節之外，全年開放。
- 💲 渡輪成人 18 美金、兒童 9 美金（包含前往艾利斯島）。
- 🚇 地鐵 4、5 線至 Bowling Green 站，或是 R 線至 Whitehall St. 站，或是 1 線至 South Ferry 站，於砲臺山公園搭乘 Statue Cruises 渡輪。

麻薩諸塞州波士頓（Boston, Massachusetts）

波士頓
麻薩諸塞州
北

早期移民自英國的清教徒創建了波士頓，由於地理環境上，波士頓是美洲距離歐洲最近的主要港口，波士頓港遂成為早期最活躍的商港之一，與殖民母國商業貿易活動頻繁，也促使了波士頓成為日後美國從歐洲殖民地走向獨立戰爭的革命發源地。由於開發較早的緣故，移民對於教育的需求使波士頓發展為美洲最早的文教重鎮，如美國的第一所公立學校：波士頓拉丁學校、第一所大學：哈佛大學都在這裡成立，時至今日，大波士頓都會區擁有超過百所大學，是全美人口受教育程度最高的城市，亦造就了波士頓濃郁的文化氣息。市中心區的三一教堂，波士頓市立圖書館，處處顯示出波士頓深受歐洲殖民影響所形成的特有文化與風格。

波士頓市中心的三一教堂

▶ ▶ **自由之路**（Freedom Trail）

波士頓是一座小而美的城市，多數景點間步行即可達，非常適合悠閒的散步遊覽。自由之路是全美第一條歷史主題的觀光路線，由市區的波士頓公園遊客服務中心到查爾斯頓（Charlestown）的邦克山紀念碑，全長約4公里以紅磚步道

DATA

波士頓公園遊客服務中心
🏛 139 Tremont St., Boston, MA 02108
📞（617）635-4505
💻 bostonusa.com
🕐 09:00 ～ 17:00，全年無休。
🚇 地鐵綠線或紅線至 Park St. 站。

標示指引，建議總遊覽時間為3～4小時，沿途收錄了十六處的重要歷史事件發生地或古建築等。自由之路是1951年名為威廉‧斯科菲爾德的當地記者所構想，並獲得當時市長採用而設置的，一直以來都相當受到國內外遊客喜愛，目前由自由之路基金會與波士頓國家歷史公園處共同管理維護。

自由之路上十六處重要的歷史古跡：

1. 波士頓公園（Boston Common）
2. 麻薩諸塞州議會廳（Massachusetts State House）
3. 公園街教堂（Park Street Church）
4. 穀倉墓地（Granary Burying Ground）
5. 國王禮拜堂與墓地（King's Chapel & Burying Ground）
6. 班傑明‧富蘭克林雕像和第一座公立學校，波士頓拉丁學校（Boston Latin School）舊址
7. 老街角書店（Old Corner Bookstore）
8. 南方教堂聚會所（Old South Meeting House）
9. 舊州議會廳（Old State House）
10. 波士頓屠殺遺址（Boston Massacre）
11. 費紐爾廳（Faneuil Hall）與昆西市場（Quincy Market）
12. 保羅‧瑞維爾故居（Paul Revere House）
13. 老北教堂（Old North Church）
14. 考柏山墓地（Copp's Hill Burying Ground）
15. 美國憲法號戰艦（USS Constitution）
16. 邦克山紀念碑（Bunker Hill Monument）

沿著紅磚路與地面上標示開始旅程

139

Info

付費專人導覽行程

　　自由之路基金會提供付費的專人導覽行程，由身著18世紀傳統服飾的專業解說員帶領深入了解每個停留點，可上官方網站得知出發時間與費用（thefreedomtrail.org）。

▶▶ 波士頓公園（Boston Common）

　　自由之路的南端起點，設立於1634年，為美國最古老的城市公園，畜牧為其最主要用途至1830年，並曾為執行絞刑場地至1817年，後在獨立戰爭爆發前作為英軍的駐紮地。公園占地約50英畝，周邊連接波士頓各區，公園內有數個值得一看的景點，如南北戰爭的紀念碑、帕克曼音樂臺（Parkman Bandstand）和布魯爾噴水池（Brewer Fountain）等。而位在波士頓公園東邊相隔查爾斯街的波士頓公共花園（Boston Public Garden），是美國歷史最悠久的植物園，每年春、夏可踩天鵝船，冬季時大水塘則化身成溜冰場，雖不屬於公園的一部分，但也是個放鬆身心的好去處。

波士頓公共花園內的母鴨帶小鴨雕塑

波士頓公園布魯爾噴水池

▶ ▶ **麻薩諸塞州議會廳**（The Massachusetts State House）

　　麻薩諸塞州議會廳與州政府的所在，建成於1798年1月11日，由查爾斯·布芬奇所設計，是美國境內最宏偉的建築之一。著名的金色圓頂最早是木製，後由具有精湛銀匠技能的獨立戰爭英雄保羅·瑞維爾以銅片覆蓋，1874年時首次改以23K的金箔包覆，但在第二次世界大戰期間為躲避炸彈攻擊而將圓頂漆成黑色，最近一次更換金箔為1997年時。於辦公時間對外開放民眾入內參觀，但需要先電話預約才能進入，提供專人導覽解說與自行參觀等選擇。

DATA

麻薩諸塞州議會廳
🏛 24 Beacon St., Boston, MA 02133
🕐 （617）727-3676
✉ sec.state.ma.us/trs
🕐 周一至周五 10:00 ～ 16:00。
$ 免費，需先電話預約。
🚇 地鐵綠或紅線至 Park St. 站。

141

州議會廳圓頂是以金箔包覆

教堂的尖頂始終沒有被建成

▶ ▶ 國王禮拜堂（King's Chapel）

　　早先移民美洲的多為不滿英國國教、企圖尋求宗教自由的清教徒，故當英國皇家總督安德魯斯爵士欲買地建造一座教堂時，清教徒不願意出售土地給他，最後只好在公墓上蓋了新英格蘭的第一座聖公會教堂，興建完成於1688年，因為能使用的土地面積不大，所以相較於一般教堂顯得頗迷你，當時使用這個教堂做禮拜的，只有少數英王派駐在波士頓執行王法的官員及家屬。1749年教堂改建，先在原本的木質教堂外砌上石頭，完成石牆主體後再將木頭部分拆卸下由窗戶運出，當時的設計者彼得·哈里森原本規劃如一般教堂的尖頂，但一直沒有被建成，而看起來像石頭材質的大圓柱，其實是木頭上漆偽裝的，利用錯覺來達到節省成本的目的。

國王禮拜堂
🏛 58 Tremont St., Boston, MA 02108
📞（617）523-1749
🖥 kings-chapel.org
🚇 地鐵綠、紅線至 Park St. 站，或是橘、藍線至 State 站。

▶ ▶ 費紐爾廳（Faneuil Hall）

　　早期的波士頓缺少大型的交易市場，多是由小販推車穿梭於城中叫賣商品和食物，由於時間不固定而產生許多不便，直到1742年富有的商人彼得·費紐爾出資興建，並捐獻出波士頓的第一座市場，同時作為市民聚會的場所。因此與革命相關的許多會議和集會抗議都發生在費紐爾廳，如抵制糖及印花稅法案等，故亦有「自由的搖籃」（Cradle of Liberty）之美稱。

費紐爾廳
🏛 1 Faneuil Hall Square, Boston, MA 02109
📞（617）635-3105
🕐 09:00～17:00。
🚇 地鐵橘、藍線至 State 站，或是藍線至 Aquarium 站。

費紐爾廳是美國革命的搖籃

傳統新英格蘭花崗岩建築風格

▶▶ 昆西市場（Quincy Market）

正式名稱是費紐爾廳購物中心，位在革命重要舞臺費紐爾廳旁。昆西市場為一室內的商場，有餐廳與小吃攤販賣各式美食，同時是購買紀念品的好地方，參觀自由之路景點走累了，不妨入內吃點東西補充體力。

DATA
昆西市場
4 S Market St., Boston, MA 02109
（617）523-1300
faneuilhallmarketplace.com
10:00～21:00。
地鐵橘、藍線至 State 站，或是藍線至 Aquarium 站。

昆西市場內有各式攤販

▶▶ 波士頓傾茶事件博物館
（Boston Tea Party Ship & Museum）

波士頓最著名的歷史事件，被視為獨立戰爭導火線的「波士頓傾茶事件」，在博物館被忠實還原呈現給參觀的遊客。身著古裝的工作人員重現當時討論傾茶行動的情景，遊客可登上依1773年原型完全重建的埃莉諾和海狸這兩艘茶船，並實地參與傾茶事件演出。其他有趣的展覽還包括現在已經極為稀少難得一見的1773年原版茶箱、3-D全彩立體投影歷史人物，以及身歷其境的影片，最後別忘了在「艾比蓋兒的茶軒」茗上一壺好茶唷！

DATA
波士頓傾茶事件博物館
306 Congress St., Boston, MA 02210
（617）338-1773
bostonteapartyship.com
09:00～17:00（夏季延長至 18:00）。
$ 成人 25 美金、兒童 15 美金（線上購票可折價 2.5 美金）。
地鐵紅線至 South Station 站。

143

博物館以生動有趣的方式呈現歷史事件

歷史小趣聞

Boston Tea Party又被稱為波士頓茶會，據說因為數量龐大的342箱茶葉全數倒入水中，使得波士頓外港頓時猶如茶海，簡直就像是一個盛大的「茶會」。而實際上此事件發生後超過半個多世紀的時間裡，美國人一般僅稱為「The Destruction of the Tea in Boston」（波士頓傾茶事件），直至1834年後「Boston Tea Party」（波士頓茶黨）的名稱才逐漸用開，也為當初這群波士頓居民的組織行動增添了較正面的評價；另外有一說Tea是「Taxed Enough Already」（稅夠多了）的縮寫。

波士頓港夜景與傾茶事件的複製茶船

▶ ▶ 新英格蘭水族館（New England Aquarium）

開幕於1969年，為新英格蘭區規模最大的水族館，附設有IMAX 3-D劇場，主要的展覽為四層樓高的巨型中央圓形水池，最吸引遊客的是可以近距離觀賞和伸手觸摸淺池裡優游的小鯊魚和魟等海洋生物。除了各式美麗魚類、大鯊魚、熱帶魚群、海馬、海龍、獅魚、電鰻、水母之外，還有企鵝、海豹、大海龜等，並可觀賞保育員與海獅的互動表演，適合親子同遊。

DATA

新英格蘭水族館
🏛 1 Central Wharf, Boston, MA 02110
📞 （617）973-5200
🖥 neaq.org
🕐 09:00 ～ 18:00。
💲 成人 24.95 美金、兒童 17.95 美金。
🚇 地鐵藍線至 Aquarium 站。

富有教育性及適合親子同樂的水族館

▶▶ **芬威球場**（Fenway Park）

　　如果是美國職棒大聯盟波士頓紅襪隊的球迷，那麼來到波士頓千萬別錯過這個朝聖的好機會。百年歷史的芬威球場自1912年起便作為紅襪隊的主場，並舉辦過十次世界大賽與許多經典比賽，是目前仍在使用中的最古老大聯盟球場，由於它的骨董級身分與經過無數大小的整修和增建，造成許多新舊交接間形成的特色，如高11.3公尺強打者亦難以突破，而被暱稱為「綠色怪獸」的左外野全壘打牆即為一例。芬威球場能容納觀眾數僅約三萬七千人，是大聯盟中球場倒數第二少的，而每場紅襪隊的主場比賽幾乎都爆滿與一票難求，若想親臨現場觀戰建議提前購票。

波士頓紅襪隊的主場

　　芬威球場
🏟 4 Yawkey Way, Boston, MA 02215
📞 （877）733-7699
🖥 boston.redsox.mlb.com/bos/ballpark
🕐 09:00～17:00（導覽）。
💲 導覽成人 15 美金、兒童 12 美金，於 Gate D 售票口購買。
🚇 地鐵綠線至 Kenmore 站。

DATA

（Melvin Schlubm 攝）

145

（Melvin Schlubm 攝）

賓夕法尼亞州費城〔Philadelphia, Pennsylvania〕

費城在美國歷史上扮演非常重要角色，《獨立宣言》與《美國憲法》都是在這裡起草與簽署。費城被稱為「友愛之邦」（City of Brotherly love），源自於這個城市的創建人威廉·賓恩（William Penn）引用希臘文來為這個城市命名，他本人是桂格派教會成員，因此希望這個城市能夠成為一個自由與宗教並重的友愛社會。也正因為費城特殊的發展背景與對美國獨立的深遠影響，使其成為在美國正式定都於華盛頓D.C.前的臨時首都。著名景點如獨立廳、自由鐘、富蘭克林故居等，都極具美國的立國象徵意義。知名美籍印度裔導演奈特沙馬蘭自小在費城成長，因此他所拍攝的電影中，多數的情節和背景設定都是取材於費城，例如《靈異第六感》（The Sixth Sense）與《天兆》（The Sign）等。

DATA

費城遊客服務中心

🏛 1 N. Independence Mall W, Philadelphia, PA 19106

📞 （800）537-7676

🖥 visitphilly.com

🚇 地鐵藍線至 5th St. 站，步行約 1 分鐘。

費城是美國獨立革命的重要舞臺

遊客服務中心內古裝打扮的工作人員

Info

費城景點

　　費城的歷史景點多集中在德拉瓦河西岸的獨立國家紀念公園，又稱獨立廣場（Independence Mall）周邊，大多為步行可達距離，且費城棋盤式街道簡單明瞭，建議將遊客服務中心作為第一站，先索取地圖後再規劃參觀路線，也可從這裡搭乘紫色觀光公車Phlash前往其他觀光景點，如國際會議中心、市政廳、羅丹美術館、費城美術館與閱讀車站市場等，單程票價2美金，一日周遊券為12美金。

獨立廣場周邊區域常可見到穿著古裝的導覽員

觀光公車Phlash有27個停靠點

▶ ▶ **獨立廳**（Independence Hall）

　　又稱為獨立紀念館，建成於1753年，為喬治亞風格的紅磚建築，聯合國教科文組織登錄的世界文化遺產，其前身為賓州殖民議會的議場所在。1776年7月4日美國《獨立宣言》在此通過，後於獨立廳前廣場對公眾宣讀，正式宣告美國脫離英國殖民而獨立，1787年的美國制憲會議在此召開，並制定了人類歷史上的第一部成文憲法《美國憲法》，可免費入內參觀並有專人導覽講解，參觀券每日於8:30開始發放，建議儘早前往索取。

獨立廳
- 520 Chestnut St., Philadelphia, PA 19106
- （215）965-2305
- nps.gov/inde
- 09:00 ～ 17:00（夏季開放至 20:00），全年無休。
- 免費，需要先至遊客服務中心索取參觀券。
- 地鐵藍線至 5th St. 站，步行約 5 分鐘。

147

美國《獨立宣言》在此通過

國家公園導覽員解說獨立廳歷史

▶▶ **自由鐘**（The Liberty Bell）

　　1753年這口於英國鑄造完成後運來賓州的自由鐘，最早被懸掛在當時仍為州議會大廈的獨立廳鐘樓內，重達943.5公斤、鐘口圓周長3.7公尺，上面鐫刻出自《聖經》的〈舊約·利未記〉25:10的一段文字：「各方土地上所有的居民均宣告自由。」（Proclaim Liberty throughout all the Land unto all the Inhabitants thereof.）而自由鐘的得名根據國家公園導覽員解釋，是因為19世紀中葉美國反對蓄黑奴運動興起，當時的廢奴主義者和團體，視此銘文為自由精神的象徵並廣泛引用而來。鐘體因為長時間與多次的敲擊而產生裂縫，無法再被修補，於1846年華盛頓誕辰紀念日最後一次被敲響後，便不曾再被敲響，目前被固定放置於獨立廳廣場前的玻璃展示廳，開放遊客觀賞。

DATA

自由鐘
🏛 525 Market St., Philadelphia, PA 19106
📞 （215）965-2305
📧 nps.gov/inde/liberty-bell-center.htm
🕐 09:00 ～ 17:00，全年無休。
💲 免費，需排隊入館。
🚇 地鐵藍線至 5th St. 站，步行約 4 分鐘。

美國獨立戰爭最主要的精神象徵

幾度試圖修復裂縫都無法成功

▶ ▶ **國家憲法中心**（National Constitution Center）

　　位在遊客服務中心後方的國家憲法中心，開幕於2003年7月4日，是全美首座、也是唯一一個以美國憲法為主題的博物館，包含了三個主要的展覽——於360度天幕環繞劇場播放的17分鐘「自由的覺醒」（Freedom Rising）影片、講述美國歷史各種重要發展里程碑的「吾等人民的故事」（The Story of We the People）、42尊美國開國先驅與影響深遠歷史人物栩栩如生真人大小銅像「名人大會堂」（Signers'Hall）。除了靜態文物的收藏展示之外，亦著重於富有教育意義的各式互動節目安排。

Info

歷史小趣聞

　　《美國憲法》簽署人共列有39個名字，但實際上卻只有38個人簽名？原來是德拉瓦州的代表約翰・迪金森授權給同州的代表喬治・里德，假使他因故未能出席會議便請其代簽。1787年在獨立廳召開的制憲會議，共有來自12個州的55位代表參加，但部分代表提前退席或因不滿意會議結果而拒絕簽字，最終是由38+1位與會代表和大會書記威廉・傑克遜共同簽署憲法。

DATA

　　國家憲法中心
📠 525 Arch St., Philadelphia, PA 19106
📞 （215）409-6700
📧 constitutioncenter.org
🕐 周一至周五 09:30 ～ 17:00，周六 09:30 ～ 18:00，周日 12:00 ～ 17:00。
💲 成人 14.5 美金、13 ～ 18 歲 13 美金、4 ～ 12 歲 8 美金。
🚇 地鐵藍線至 5th St. 站，步行約3分鐘。

在此了解《美國憲法》如何誕生

一棟滿是故事的歷史建築

▶▶ 木匠廳（Carpenter's Hall）

　　在《獨立宣言》與《美國憲法》頒布前的1774年，北美十三個殖民地的第一屆大陸會議便是在費城的這棟兩層樓磚砌建築裡召開，希冀尋求能和平解決與殖民母國英國的衝突，各州代表們於此擬定呈交英王的請願書。這個議事廳是由費城市的木匠工會（Carpenters' Company）所建造與擁有，作為木匠們的集會場所，因此被稱為木匠廳，亦曾經作為富蘭克林圖書公司、美國國家科學院、美國第一與第二銀行總部的所在地。

木匠廳
🏛 320 Chestnut St., Philadelphia, PA 19106
📞（215）925-0167
💻 www.carpentershall.org
🕘 09:00 ～ 17:00。
💲 免費。
🚇 地鐵藍線至 5th St. 站，步行約 8 分鐘。

▶▶ 獨立宣言廳／格拉夫樓
（Declaration / Graff House）

　　1776年的6月，維吉尼亞州代表湯瑪斯‧傑佛遜來到費城，準備召開第二次大陸會議，他搬出了原先在市中心的住宿點，向當地知名磚匠雅各‧格拉夫租下了建於1775年這棟紅磚造的二樓兩個房間，並在此起草了開啟美國歷史新頁的《獨立宣言》。原始的格拉夫樓於1883年被拆掉，現在所見這棟是國家公園管理處於1975年依照當時留存的照片在原址所重建。

獨立宣言廳
🏛 599 S 7th St., Philadelphia, PA 19106
📞（215）965-2305
🕘 目前暫不對外開放。
🚇 地鐵藍線至 5th St. 站，步行約 3 分鐘。

湯瑪斯‧傑佛遜在此屋內起草《獨立宣言》

▶ ▶ **富蘭克林故居**（Franklin Court）

　　班傑明・富蘭克林（Benjamin Franklin）是美國獨立革命時期的重要領導人物，他的貢獻被認為僅次於華盛頓，同時是美國首位郵政局長，並兼有政治家、科學家、出版商、印刷商、記者、作家、慈善家、發明家，以及傑出的外交家等多重身分，其一生作為受到極高度的肯定與推崇，美國百元紙鈔上的人像即為富蘭克林。他於1763年到逝世的1790年間居住在費城，除了1776～1785年間他出任美國駐法國大使之外，多數的時間均在費城度過，可惜的是富蘭克林的房子於1812年被拆毀，國家公園管理處搭建了一座白色的骨架，讓遊客能知道原先宅邸的所在之處。另外還有仿造18世紀的印刷廠和一間真正的小郵局，不妨買張明信片現場寄給親友，有興趣更深入了解其生平事蹟的人，建議參觀一旁的富蘭克林博物館，成人門票5美金、4～16歲2美金。

DATA
富蘭克林故居
🏛 322 Market St., Philadelphia, PA 19139
🕐（215）965-2305
💻 nps.gov/inde/planyourvisit/franklin-court.htm
💲 免費。
🚇 地鐵藍線至 5th St. 或 2nd St. 站，步行約 5 分鐘。

151

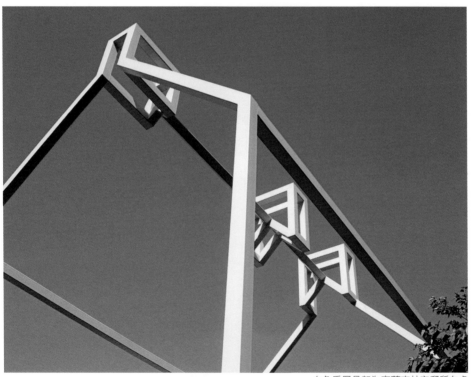

白色房屋骨架為富蘭克林宅邸所在處

▶▶ 賓恩登陸處（Penn's Landing）

　　賓恩登陸處位在德拉瓦河水濱地區，得名自1682年威廉‧賓恩在此停船登陸，目前以公園的型態來管理，並對外開放，包含遊艇碼頭、商店、餐廳、博物館等。夏季時會舉辦多場音樂會，在7～8月的每周四晚上有露天電影院，5～9月的周末有熱鬧國際文化節，冬天則有奧運級的溜冰場開放，並於除夕夜施放費城規模最大的煙火秀。此外，還有數艘歷史船艦如二戰時的潛水艇USS Becuna、美西戰爭使用的USS奧林匹克戰艦停泊，使得賓恩登陸處逐漸成為費城的熱門去處。

賓恩登陸處
DATA
🏠 101 Columbus Blvd., Philadelphia PA 19106
💻 delawareriverwaterfrontcorp.com
🚇 地鐵藍線至 2nd St. 站，步行約 10 分鐘。

賓恩登陸處

入夜之後景色美麗

▶▶ 市政廳（City Hall and Tower）

位於市中心的費城市政廳，是全美國最大、最高、造價最貴的市政府辦公大樓，高度167公尺，共有九層樓，內部約有七百個房間，建築風格為法國文藝復興式，建成的1901～1908年間曾為世界最高摩天大樓，目前是費城最高建築物與世界最高的磚石砌體結構建築。尖塔頂端矗立著費城創建者威廉‧賓恩雕像，塔上展望臺開放民眾免費登頂參觀，上午09:30起開放至16:15，可遠眺整個費城市容，專人導覽參觀市政廳內部從12:30開始，每15分鐘共六人為一組，預約導覽行程或欲上塔觀景需先至入口遊客服務處（Room 121）登記。

DATA
市政廳
🏛 Broad St. & Market St., Philadelphia, PA 19107
📞（215）686-2840
🖥 www.phila.gov
📅 周一至周五 09:00～17:00。
💲 免費，但需先登記。
🚇 地鐵藍、黃、綠至 City Hall 站，步行約 1 分鐘。

▶▶ 甘迺迪廣場（JFK Plaza）

LOVE愛字雕塑，全世界目前在紐約、費城、溫哥華、新加坡、法國尼斯、上海、臺北、日本新宿各有一座，是普普藝術大師Robert Indiana的創作，其中最知名的位於費城甘迺迪廣場裡，是1976年美國為了慶祝獨立建國兩百周年而設置。位於中國城附近的甘迺迪廣場其實不大，中央有一噴水池，四周被商業及辦公大樓所圍繞，但因有這座名聞遐邇的LOVE地標，又被暱稱為Love Park，成為情侶和遊客必訪和取景之處，也為這個歷史氛圍濃厚的城市增添一絲浪漫。

DATA
甘迺迪廣場
🏛 1599 John F Kennedy Blvd., Philadelphia, PA 19103
📞（215）683-0246
📅 全日開放。
🚇 地鐵藍、黃、綠至 City Hall 站，步行約 3 分鐘。

費城市中心最顯眼的建築

吸引無數情侶前來留影

153

馬里蘭州巴爾的摩（Baltimore, Maryland）

巴爾的摩

馬里蘭州

巴爾的摩位於馬里蘭州中部的帕塔普斯科
（Patapsco）河口地區，緊鄰切薩彼克灣，離華
盛頓D.C.僅約1小時車程，是美國最大獨立城市
與主要海港之一。市區高樓大廈林立，有超過
六十萬人口居住，近二十年來已由美東的工業
大城逐漸轉變為商業觀光重鎮。

DATA

巴爾的摩遊客服務中心
401 Light St., Baltimore, MD 21202
（877）225-8466
baltimore.org
地鐵至 Charles Center 站，步行約 10 分鐘。

巴爾的摩為港灣城市

▶ ▶ 內港景點（Inner Harbor）

內港周邊為巴爾的摩最熱鬧的區域，餐廳、商店、博物館與景點多集中於此，夜生活也很興盛。除了散步河岸與乘坐短程遊輪欣賞港灣風光之外，還可以登上32層樓高的世貿中心瞭望臺，將巴爾的摩美麗的天際盡收眼底，緊鄰港邊的Harborplace & The Gallery是一個一站式的購物商場，內約有120間店家，戶外廣場上時有舉辦活動與街頭表演。

內港周邊為遊覽重心所在

DATA

Harborplace & The Gallery
🏢 201 E Pratt St., Baltimore, MD 21202
📞（410）323-1000
🖥 harborplace.com
🚇 地鐵至 Charles Center 站，步行約 5 分鐘。

155

精采的街頭表演吸引許多遊客圍觀

► ► 巴爾的摩國家水族館（National Aquarium in Baltimore）

被譽為全美最佳的超大型水族館，自1981年開幕以來，每年有來自世界各地超過一百六十萬人次的遊客量，5層樓高分別以空橋連接的兩棟主建築，展出660種物種、超過一萬六千五百隻動物，並與「動物星球」頻道合作特展Australia: Wild Extremes，其他遊覽重點包含水母、鯊魚、熱帶雨林、大西洋珊瑚礁、深海魚、亞馬遜叢林等各區，另外還有加價購票觀賞的4-D戲院及精采的海豚秀等。

巴爾的摩國家水族館
501 East Pratt St., Baltimore, Maryland 21202
（410）576-3800
www.aqua.org
成人 24.95 美金、兒童 19.95 美金。
地鐵至 Charles Center 站，步行約 8 分鐘。
DATA

旅遊旺季時常一票難求，建議先在官網上預購門票

館中展出不少極具特色的海洋生物

華盛頓D.C.（Washington, District of Columbia）

華盛頓D.C.

　　美國首府所在地，不隸屬於任何一州，是由聯邦政府直接管轄監督的特別行政區，除了是美國東岸大城與熱門觀光旅遊目的地之外，更是世界政治、經濟、文化與權力角逐鬥爭的中心。便捷的交通網絡與容易辨識的道路系統，是自助旅行者的天堂，大城市的便利和古老城市的優雅兼容並蓄，加上美國戰爭史上的重大戰役紀念碑與歷任重要總統的紀念館均設立於此，並以擁有全美最佳的博物館、建築、紀念碑、餐廳等著稱，每年吸引約一千六百萬名遊客造訪，市中心各主要景點與博物館都在步行可達距離，且多為免費開放。

國會大廈前美國第二十任總統加菲爾德雕像

157

▶ ▶ 華盛頓紀念碑
(Washington Monument)

　　華盛頓D.C.最具象徵性的地標，是為紀念領導美國走向獨立之路的開國元首喬治·華盛頓而興建，工程曾因遭逢南北戰爭而中斷三十七年之久，直到1884年底才正式完工。埃及方尖碑造型高度達169公尺，是全市最高的建築，從頂端最遠可看到約50公里外景物，是欣賞華盛頓全景的最佳位置。

華盛頓紀念碑
🏛 2 15th St. NW, Washington, DC 20007
📞（202）426-6841
🖥 www.nps.gov/wamo
🕘 09:00～16:45，除了聖誕節之外，全年開放。
🚇 地鐵橘、藍線到 Smithsonian 站。

為紀念美國總統喬治·華盛頓而建造

華盛頓D.C.最具象徵性的地標

仿古希臘巴特農神廟式的大理石建築

▶ ▶ **林肯紀念堂（Lincoln Memorial）**

　　為紀念美國第十六任總統亞伯拉罕・林肯所建。位於國家大草坪的最西側，建築風格為古希臘多利克柱式，堂中坐著宏偉巨大的林肯雕像，遙望著前方的華盛頓紀念碑。這裡是美國歷史上許多重大集會與事件的發生地，並出現在許多著名的電影中，其中最為人所津津樂道的便是黑人民權運動領袖金恩博士在1963年8月28日在林肯紀念堂前所發表的雋永演說《我有個夢想》。

林肯紀念堂
🏛 2 Lincoln Memorial Cir. NW, Washington, DC 20037
📞 （202）426-6842
💻 www.nps.gov/linc
🕐 24 小時開放，全年無休。
🚇 地鐵橘、藍線到 Foggy Bottom–GWU 或 Smithsonian 站。

DATA

大堂中的林肯坐像

▶ ▶ 白宮（White House）

　　白宮是華盛頓D.C.最古老的公共建築，動工於1792年，歷時八年建成，採用建築師James Hoban的設計，乃新古典主義的砂岩建築，外觀仿照愛爾蘭的鄉間別墅，是除了喬治·華盛頓之外，美國歷任總統的官邸與辦公室，也是美國政治與權力運作的核心。

白宮
🏛 1600 Pennsylvania Ave. NW, Washington, DC 20500
📞 （202）456-7041
🖥 www.whitehouse.gov
🚇 地鐵橘、藍線到 Federal Triangle 站。

白宮是美國歷任總統執政時的住所

▶ ▶ 史密斯梭尼亞城堡

（Smithsonian Institution Building）

　　史密斯梭尼亞協會總部的所在地。12世紀諾爾曼建築風格使其獲得城堡的美名，典雅的磚紅色也替白色建築為主的國家大草坪區增添了些許活潑色彩，建議作為參觀其旗下華盛頓D.C.地區十九間博物館前的第一站。除了有豐富的資訊及精美導覽手冊可免費索取之外，館內附設有咖啡廳可歇腳，亦有展覽品與文物供遊客參觀。

史密斯梭尼亞城堡
🏛 1000 Jefferson Dr. SW Washington, DC 20013
📞 （202）633-1000
🖥 www.si.edu
🕐 08:30 ～ 17:30，除了聖誕節之外，全年開放。
🚇 地鐵橘、藍線到 Smithsonian 站。

城堡之名來自於其建築外觀

▶▶ 富蘭克林‧羅斯福紀念區
（Franklin D. Roosevelt Memorial）

位於潮汐湖畔，紀念小羅斯福這位深受美國人民愛戴，帶領著美國走過經濟大蕭條和第二次世界大戰的前總統，園區是以其在職的四個時期劃分。除了有小羅斯福及他最鍾愛的小狗法拉的青銅雕像、巨石與瀑布和無數名言，如「The only thing we have to fear, is fear itself」（唯一值得恐懼的是恐懼本身）之外，也呈現了經濟大蕭條時期人民排隊領取麵包與收聽廣播爐邊談話等場景。園中還有第一夫人埃莉諾站在聯合國會徽前的銅像，讚揚她對聯合國的貢獻。

小羅斯福的施政表現深獲美國人民愛戴

富蘭克林‧羅斯福紀念區
- 1850 West Basin Dr. SW Washington, DC 20024
- （202）376-6704
- www.nps.gov/fdrm
- 24 小時開放，全年無休。
- 地鐵橘、藍線到 Smithsonian 站。

DATA

▶▶ 湯瑪斯‧傑佛遜紀念堂
（Thomas Jefferson Memorial）

紀念美國第三任總統傑佛遜，位在潮汐湖南端這座新古典主義圓頂大理石紀念堂，其設計與國家藝廊西館都是出自建築大師波普之手。紀念堂周邊環境優美，特別是在櫻花盛開於潮汐湖畔的春季，常讓前去參觀的遊客流連忘返。大廳中豎立著19英呎高的傑佛遜銅像，牆上刻有《獨立宣言》和傑佛遜其他著作中的篇章，紀念堂位於白宮的正南方，是公認觀看白宮南面全景的最佳地點，也是欣賞國慶煙火的熱門地點。

湯瑪斯‧傑佛遜為美國第三任總統

161

湯瑪斯‧傑佛遜紀念堂
- 701 East Basin Dr. SW Washington, DC 20024
- （202）426-6821
- www.nps.gov/thje
- 每日 08:00 至午夜。
- 地鐵橘、藍線到 Smithsonian 站。

DATA

佛羅里達州奧蘭多（Orlando, Florida）

位於終年陽光普照的佛州中部地區，是美國人心目中的度假天堂和避寒勝地之一。觀光休閒為其主要產業，度假村、高爾夫球場、網球場林立，戶外活動亦十分盛行，同時是世界上主題樂園最集中的地區，超過十五個以上的大型主題樂園，使其有「世界主題樂園之都」的美稱，沿著國際大道及其周邊有許多大型暢貨中心和商場，各大名牌下殺到1～3折超低優惠價，更是對喜歡逛街購物的人有著超強吸引力。前往其他鄰近城市景點，如坦帕灣、戴透納海灘、聖奧古斯汀等都在1～2小時車程間，每年遊客量超過五千一百萬，在《富比士》雜誌2009年的統計調查結果中甚至超越紐約，成為全美最多國內外遊客造訪的城市。

陽光、藍天、棕櫚樹，奧蘭多充滿熱帶風情

▶▶ **國際大道**（International Drive）

　　奧蘭多最主要的觀光區域，位在市中心南方，全長約18.5公里，幾乎所有重要景點都在國際大道沿線，包含六大主題樂園——海洋世界、海洋世界水上樂園、探索海

國際大道
（407）248-9590
internationaldriveorlando.com

DATA

灣、Wet 'n Wild水上樂園、環球影城與冒險群島，超過百間的旅館與度假村、數不盡的餐廳與商店、小型遊樂場、戲院、博物館等。起點與終點分別為大型的暢貨中心所在，並有觀光街車（I-Ride Trolley）通行，班次頻繁停點多且搭乘方式簡便，常可遇到熱情的司機充當導遊介紹路線行經的景點，分有紅線南、北向與綠線南、北向共四線，單程費用為2美金，上車投現不找零，轉乘免費但需向司機索取轉乘券，建議依停留時間長短購買周遊券──1日券5美金、3日券7美金、5日券9美金、7日券12美金、14日券18美金，許多餐廳與旅館均有代售，或是網站上以PayPal付款購票。

Info

奧蘭多遊客服務中心
地址：8723 International Dr., Suite 101, Orlando, FL 32819
網址：visitorlando.com
　　　位在國際大道中段，I-Ride 紅線20號站，開放時間為08:30～18:30，提供豐富的旅遊資訊和代售各景點、主題樂園折扣票，有時還會發送貼心的旅客歡迎包，小提袋裡面放有地圖、便條紙、筆、溼紙巾、胃乳片等，建議先前往收集所需資訊。

國際大道上的運動用品專賣店

搭乘觀光街車是遊玩奧蘭多的最佳方式

► ► 海洋世界（SeaWorld Orlando）

　　奧蘭多的海洋世界與度假村體系下，共有三個主題樂園——海洋世界、探索海灣與水世界（Aquatica）。海洋世界園區內劃分有數個特色區，包含威斯特礁、地中海水濱、狂野極地，以及Shamu兒童遊樂灣等，園區入口內外廣場以熱帶林為主要造景，充滿佛羅里達陽光州風情，並有一個小型人工海灣碼頭與燈塔。除了數百種海洋生物的展覽和表演之外，最熱門的便是學名虎鯨又稱為殺人鯨的Shamu秀，廣受各年齡層遊客喜愛。另外，遊客也有機會在海豚灣餵食和觸摸活潑可愛的海豚，主要機械式遊樂設施為俯衝式魔鬼魚雲霄飛車（Manta）、傳統式360度飛車北海巨妖（Kraken），以及滑水道飛車亞特蘭提斯之旅（Journey to Atlantis），最新的景點為2013年開幕的「南極洲：企鵝帝國」，結合了3-D影片與身歷其境的南極雪車體驗。

海洋世界
🏠 7007 Seaworld Dr., Orlando, FL 32821
📞 （407）351-3600
💻 seaworldorlando.com
$ 成人92美金、3～9歲兒童87美金（一年無限次數入園），線上購票可再折10美金。
🚌 I-Ride紅線33號站，或是市公車Lynx #50（通行於迪士尼與奧蘭多市中心）。

DATA

Info

奧蘭多海洋世界與坦帕灣布希花園套票
　　於網上同時購買兩遊樂園套票可享優惠價99美金，並可由海洋世界搭乘免費的接駁車來回布希花園，如有較充裕的停留時間，不妨考慮購買SeaWorld＋Busch Gardens＋Aquatica三樂園套票，成人149美金、3～9歲兒童144美金，可於兩星期內無限次數入園遊玩。

殺人鯨Shamu秀非常受到大人小孩的喜愛

海洋世界的水上樂園Aquatica

往來兩個遊樂園間的專車

海洋世界入口人工碼頭的燈塔

▶ ▶ **探索海灣**（Discovery Cove）

　　蔚藍的天空與白色的沙灘，隨風搖曳的棕櫚樹與水中優游的魚群，百分之百擬真大自然，有如城市中的綠洲，置身其中的美好時光令人渾然不覺時間流逝，經營方式截然不同於一般的主題樂園，主打All-inclusive全包式頂級享受、每日限制入園人數在一千人內，為預約制的體驗型主題樂園。園區主要分為海豚、魟魚、熱帶魚、懶人漂漂河與大型鳥園等，每一區都有不同的樂趣，遊客可以觸摸海洋生物及水中同游，也可親自餵食鳥園中各種鳥類，所有浮潛用具的租用和餐飲、零食完全不需另外支付任何費用，也不限取用次數。滿美國法定飲酒年齡21歲的遊客更可盡情享用各種酒精飲料，加價購買與海豚游泳套票者，將享受與海豚貼身接觸的難得機會，在工作人員的指引下擁抱與親吻海豚，絕對是珍貴的體驗，長度約30分鐘。

DATA

探索海灣
🚇 6000 Discovery Cove Way, Orlando , FL 32821
📞 （877）557-7404（預約制）
📧 discoverycove.com
💲 一般 199 美金；與海豚游泳 229 ～ 319 美金，依日期不等（均包含海洋世界與水世界兩星期不限次數門票）。
🚌 可於海洋世界停車場搭乘免費接駁車前往。

探索海灣是奧蘭多獨一無二的體驗型水上主題樂園

跟多種海洋生物超近距離的接觸

165

與海豚游泳是新鮮且令人難忘的經驗

環球影城內經典電影《大白鯊》的場景重現

冒險群島樂園熱門景點：哈利波特的魔法世界

▶ ▶ 環球影城與冒險島樂園

(Universal Studios & Islands of Adventure)

　　環球影城度假村共分有環球影城、冒險群島樂園，以及不需門票的環球城市漫步，並有三間大型度假村飯店，鄰近的Wet 'n Wild水上樂園也隸屬旗下。環球影城主要以環球影業及其合作夥伴發行的電影和電視作品為設施主題，並以城市分區如紐約區、舊金山區、倫敦區、好萊塢等，其他分區還包含世界博覽會、美國動畫片《辛普森家庭》中的春田鎮和伍迪啄木鳥區。而冒險群島則以島嶼分區，以冒險元素貫串整個樂園，由入口港、漫威超級英雄島、卡通礁湖、侏羅紀公園、哈利波特、失落的大陸，以及蘇斯港共七座島嶼組成，其中真實重現電影場景與建築的哈利波特的魔法世界，遊客除了將參觀霍格華茲城堡與搭乘多項遊樂設施之外，還能在活米村品嘗奶油啤酒及購買到專屬自己的魔杖，自2010年開幕以來一直受到極為熱烈的歡迎。

環球影城與冒險群島樂園
🏠 6000 Universal Blvd., Orlando, FL 32819
📞 （407）363-8000
✉ universalorlando.com
💲 單園成人 92 美金、兒童 86 美金；雙園成人 128 美金、兒童 122 美金。
🚋 I-Ride 紅線 9 號站，或是綠線 G5 號站；市公車 Lynx #08 於國際大道與環球大道交會處下車。

環球城市漫步是逛街購物及用餐的好去處

巨大薯條盒相當引人注目

▶▶ 全世界最特別的麥當勞

（The most unique McDonald's in the world）

國際大道上非常明顯的地標，大老遠就會在外牆上看到巨大薯條的圖案，除了平常的漢堡餐之外，菜單上竟然有三明治、義大利麵、Panini、Pizza和蛋糕，真是太奇怪了。特別之處當然還不只這樣，入口處右側用餐區的擺飾與布置超級復古風，有貓王、瑪麗蓮夢露的照片與舊式唱盤張貼在牆上。到處懸掛著閃亮亮的小燈。左側用餐區又是截然不同的風格有如電動遊樂場般，二樓也放置了許多電子遊樂設施，所在位置靠近環球影城，占地廣大同時號稱是世界上最大的麥當勞唷！

DATA
最特別的麥當勞
🏠 6875 Sand Lake Rd. Orlando, FL 32819
📞 （407）351-2185
🚌 I-Ride 紅線 15 號站，或是市公車 Lynx #08 於 Sand Lake 路下車。

賣的可不只有一般漢堡薯條

167

餐廳內的裝飾走50年代復古風

▶ ▶ 迪士尼世界（Disney World）

夢想與魔法的王國！1971年開幕的迪士尼世界是座超大型的複合式娛樂「城市」，也是每年全球訪客人數最多的景點，包含了25個主題度假村、4個主題樂園和2個水上樂園，以及大型商城與ESPN運動場等。遊樂園部分首先開幕的，也是最具迪士尼童話世界特色的為「魔術王國」，依次是以創新科技和各國文化為主題的「艾波卡特」、好萊塢經典電影、動畫與流行音樂為主題的「迪士尼好萊塢影城」和於1998年開幕以動物及生態保育為主題的「動物王國」，水上樂園占地較小，分別為「迪士尼颶風湖」及「迪士尼暴風雪海灘」，各園區與售票及轉運中心TTC之間以巴士、單軌電車、渡輪或遊船免費接駁。除了各項刺激有趣的遊樂設施之外，千萬不要錯過魔術王國灰姑娘城堡每晚絢麗的煙火秀、精采的遊行，以及和眾卡通明星留影的機會唷！

神奇王國的灰姑娘城堡

迪士尼世界
🏛 Lake Buena Vista, FL 32830
☎ （407）824-4321
✉ disneyworld.disney.go.com
🚍 自行開車於 4 號州際公路（I-4）的 #64 出口下交流道可達，大眾交通工具可搭乘市公車 Lynx #50、56、111 或 300～306。

動物王國的獅子王舞臺秀

好萊塢影城的幻想曲米奇魔法師帽

▶▶ 甘迺迪太空中心（Kennedy Space Center）

距離奧蘭多約1小時車程，甘迺迪太空中心（KSC）隸屬於「美國國家航空暨太空總署」（NASA），是一個實際使用中的太空梭測試、發射與降落基地，自1963年起美國所有搭載太空人的太空飛行器都是在此升空，是阿波羅計畫的最主要發射站，目前中心仍持續且頻繁的發射無人火箭探索充滿未知的外太空。KSC遊客展覽中心提供巴士導覽行程，帶領遊客進入KSC內參觀39號發射中心與飛行器垂直裝配大樓、發射站瞭望臺，遊客可以近距離觀賞與了解各式超大型太空載具及其歷史故事，並有IMAX 3-D太空影片、火箭庭園，以及模擬太空梭升空情境等。在火箭發射日，遊客可加價20美金欣賞火箭升空現場實況。

DATA
KSC 遊客展覽中心
🏠 Nasa Parkway West, Titusville, FL 32780
📞（877）404-3769
💻 kennedyspacecenter.com
🕐 09:00～17:00。
🚌 成人 50 美金、3～11 歲兒童 40 美金。

169

展示阿波羅計畫中使用的各項設備

艾波卡特的測試軌道展開汽車測試之旅

可與身著太空裝的工作人員合照

佛羅里達州坦帕灣（Tampa, Florida）

　　坦帕位於佛州西岸臨坦帕灣與近墨西哥灣，曾為西班牙屬地，開發得較晚，直到19世紀晚期鐵路的興建與雪茄產業的發達，當地人口與經濟才開始迅速成長，20世紀初期已成為美國重要的城市之一。整個坦帕灣區人口約在四百三十萬人之譜，為美國東南部次於邁阿密、華盛頓D.C.及亞特蘭大的第四大都會區。除了市中心近百棟的現代高層建築物與摩天大樓之外，也保有許多過往歷史風貌，觀光重點圍繞在其陽光、海洋、沙灘的海灣風情，自然資源豐富，風和日麗的亞熱帶氣候適合進行各種戶外活動，運動也非常盛行，包括國家美式足球聯盟的海盜隊、職棒的光芒隊、冰上曲棍球的閃電隊，其他如足球與室內美式足球等，也都有屬於坦帕灣的職業球隊。

橫跨於坦帕灣之上的陽光大橋（Sunshine Skyway Bridge）

▶ ▶ **歷史小城宜博市（**Ybor City**）**

　　充滿古巴特色與拉丁風情的古城，佛州最早的工業化小鎮，1886年一位名叫馬丁內斯‧宜博的雪茄商人將其生意由威斯特礁遷至此地，也引進了為數眾多的西班牙與古巴裔工人，當時宜博擁有世界最大的雪茄工廠，造就了往後數十年間宜博市蓬勃發展與直至今日仍引以為豪的雪茄事業。現在的宜博市白天仍保有文化歷史的濃厚韻味，入夜後則變身為多采多姿的夜生活天堂，為當地休閒娛樂的重心地帶，熱鬧的酒吧、俱樂部、舞廳及電影院，越夜越美麗的宜博是年輕族群周末吃喝玩樂的首選。

宜博市的白天與夜晚各有風情

DATA
宜博市遊客服務中心
🖨 1600 East 8th Ave. Ste. B104, Tampa, FL 33605
📞 （813）241.8838
🖥 www.ybor.org
🕐 周一至周六 10:00 ～ 17:00、周日 12:00 ～ 17:00。

▶ ▶ **坦帕市中心（** Downtown Tampa **）**

　　市中心最主要的景點為佛羅里達水族館、Channelside港灣廣場，以及靠近坦帕機場的國際廣場購物中心（International Plaza）。水族館占地23,000平方公尺，展出的生態主題範圍，包括溼地、珊瑚礁、港灣與海灘、海洋、企鵝區、觸摸互動區等，遊客還可另外登記付費參加與魚類共游或鯊魚潛水體驗。港灣廣場在與水族館步行可達的距離，為娛樂、用餐與購物的複合式商場，鄰近可欣賞港灣風光，每周末有安排現場音樂演出，夜晚也十分熱鬧。

DATA
佛羅里達水族館
🖨 701 Channelside Dr., Tampa, FL 33602
📞 （813）273-4000
🖥 flaquarium.org
🕐 09:30 ～ 17:00。
💲 成人 21.95 美金、2 ～ 12 歲兒童 16.95 美金
　　（網上預購另有優惠）。

DATA
Channelside 港灣廣場
🖨 615 Channelside Dr. #117, Tampa, FL 33602
📞 （813）223-4250
🖥 channelsidebayplaza.com

▶▶ 坦帕灣布希花園（Busch Gardens Tampa）

坦帕灣區最主要的觀光景點，鄰近美國前五大知名的清水海灘，與奧蘭多僅約1.5小時車程，最早只是世界知名酒商「百威啤酒」的釀酒廠，為提供參觀訪客休憩而建的小公園，後逐漸增加多樣景點與設施，受歡迎的程度更勝原來的酒廠，是海洋世界娛樂集團旗下第一個遊樂園。以19世紀非洲叢林探險及大自然為主題，結合多項刺激性遊樂設施、精采的表演與野生動物園，園區內有超過一千五百種野生動物棲息，許多鳥類更是主動飛來定居，區分有摩洛哥、斯坦利維爾、剛果、奈洛比、埃及等區，最新的遊樂設施為長達1.3公里的獵豹追捕（Cheetah Hunt）。布希花園另有一獨立的季節性水上主題樂園Adventure Island，每年2～10月間開放，兩樂園均有適合各年齡族群遊客的設施與環境，在美國「布希花園」是一個極具代表性的名字，也是許多美國人認為一生中必遊的主題樂園。

坦帕灣布希花園
🏠 10165 N McKinley Dr., Tampa, FL 33612
📞 （888）800-5447
📧 buschgardens.com
💲 成人 92 美金、3～9 歲兒童 87 美金（一年無限次數入園），線上購票可再折 10 美金。
🚌 275 號洲際公路（I-275）的 #265 出口，或是奧蘭多海洋世界搭乘免費的接駁車來回布希花園（需先電話預約〔1-800-221-1339〕或網上預約）。

DATA

擁有眾多驚險刺激的雲霄飛車是布希花園的賣點

坐上卡車遊覽動物園並餵食長頸鹿

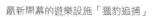
最新開幕的遊樂設施「獵豹追捕」

▶▶ 白沙天堂清水海灘（Clearwater Beach）

位在離坦帕市中心約40分鐘車程的聖彼得堡（St. Petersburg），被報紙《今日美國》讀者票選為佛州最棒海灘，以純淨美麗的白色沙灘聞名，海岸線長約4公里，是一面對著墨西哥灣的離岸沙洲島海灘，各式水上運動盛行，如水上摩托車、帆傘、快艇、游泳、賞鯨船，還有近沙灘淺水區的浮板和短板等，碼頭上亦開放釣魚。鄰近區域有許多商店、餐廳、度假村，並可順道參觀清水海生館，夏季近傍晚黃昏時也是前往的好時機，迎著徐徐吹來的涼爽海風散步海灘，欣賞醉人的日落晚霞，入夜後會有攤販在碼頭附近販賣各式各樣的小東西，很有意思。

DATA
清水海灘遊客中心
🏠 1 Causeway Blvd., Clearwater Beach, FL 33767
📞 （727）442-3604
📧 visitclearwaterflorida.com

Info

遊客服務中心

60號碼頭（Pier 60）入口處即是遊客服務中心所在，可索取相關資料，旁邊有大型充氣遊樂設施與彈跳床，吸引許多大人小孩遊玩。

173

白沙天堂延展出美麗的海岸線

佛羅里達州邁阿密（Miami, Florida）

世界上最潮流時尚的火熱城市，以及美國觀光休閒產業高度發展的區域之一，也是主導全球金融、商業、媒體、娛樂、藝術和國際貿易的重要城市。由於地理位置鄰近中南美洲與加勒比海地區，其種族文化充滿多樣性，並深受拉丁美洲族群影響，語言、音樂、飲食等各方風貌匯聚於此，呈現獨特的拉丁與加勒比海風味，成為邁阿密的一大特色。微風中搖曳著的熱帶風情棕櫚樹、蔚藍的海洋與南灘著名的裝飾風藝術建築，不僅是逛街購物的天堂，也有精采刺激的夜生活，如此魅力無窮的多樣面貌，每年吸引數千萬名遊客不遠千里前來享受邁阿密陽光、沙灘和迷人的城市氛圍。

邁阿密的熱帶風情

▶ ▶ **南灘**（South Beach）

邁阿密海灘度假區位在大西洋與比斯坎灣間的離岸沙洲島，依地理位置區分有北灘、中灘、南灘，其中以較靠近市中心、最早開發的南灘最具代表性與為人所知。沿著海濱大道範圍約從東西向的1街至16、17街處的林肯大道街，碧海藍天與寬闊潔淨的沙灘，吸引無數遊客前來踏浪戲水和日光浴，不時可見作風大膽開放的歐美女性上空躺臥在沙灘享受著佛羅里達的陽光，也是南灘著名特色之一。整個鄰近區域還有許多特色商店與餐廳，無論白天黑夜都非常熱鬧。

Info

如何前往南灘？

　　從邁阿密機場搭乘計程車前往南灘約20分鐘，大眾交通工具需先坐機場捷運（MIA MOVER）至邁阿密國際機場地鐵／公車站（MIA Station），然後轉搭邁阿密海灘機場150快線公車於Washington Ave-9th St.站下車即可達南灘，需時約 1 小時，150快線會先前往北灘、中灘才至南灘；若由市中心前往南灘，可搭公車Beach Max Route 120或103路線C一樣是至Washington Ave-9th St.站下車。

南灘上悠閒享受日光浴的遊客

各式彩色的救生員站是南灘的一大特色

▶ ▶ **裝飾風藝術區**（Art Deco District）

　　南灘擁有全世界最集中的1920與1930年代華麗高調的裝飾風藝術建築，強調別致優雅與特殊的造型，此處的早期建築又以多流線型帶著圓弧為特點，二戰後經濟大蕭條時期的建築則線條較為簡潔帶著工業設計的概念，許多建築亦融合了海洋相關景物的意象，如使用珊瑚、水生植物、海生動物、郵輪等圖騰和雕塑作為裝飾，更加突顯了邁阿密海灘的海濱度假勝地形象。以柯林斯大道、海濱大道的6至11街鄰近區域為主，約1平方英哩內有超過八百多棟顏色粉嫩柔美的特色建築，穿梭在街道中不禁讓人沉浸陶醉於濃濃的懷舊復古情懷之中。

用色大膽的裝飾風藝術建築

DATA
装飾藝術區遊客服務中心
🏛 1001 Ocean Dr., Miami Beach, FL 33139
📞（305）531-3484
📠 mdpl.org
🕐 09:30 ～ 17:00（除了周四為 9:30 ～ 18:30）。
🚌 公車 Beach Max Route 120 或 103 路線 C 至 Washington Ave-9th St. 站。

▶ ▶ **林肯路購物中心**（Lincoln Road Mall）

　　華盛頓大道（Washington Ave.）至奧爾頓路（Alton Rd.）間的這段林肯路周邊區域，最早是一片紅樹林，20世紀初期才開始逐漸發展。1960年前後邁阿密的知名建築師莫里斯‧拉彼德斯受邀重新設計林肯路街景，他加入了花園、噴泉、涼亭等造景與一圓形劇場，完工後的林肯路一段便不再開放車輛通行，成為全美最早的行人徒步商圈之一，現為南灘最熱門的購物與遊憩景點之一。超過兩百間的當地小店、知名品牌商店、街景咖啡、畫廊、大型書店、劇院與餐廳酒吧進駐，特別是年輕族群取向的服飾店居多，甚至有多達十二間刺青店，包括了旅遊頻道播出的實境秀「邁阿密刺青客」（Miami Ink）的店，另外固定在每周日09:00～18:30有農夫市集，並常舉辦免費演唱會與各種活動。

DATA
林肯路購物中心
🏛 Lincoln Road Mall, Miami Beach, FL 33139
📞（305）520-9156
📠 lincolnroadmall.com
🕐 10:00 ～ 23:00。
🚌 公車 Beach Max Route 120 或 103 路線 C 至 Lincoln Rd. 站。

Info

周邊購物商場

　　喜歡逛街購物的人，邁阿密海灘區的北灘有高檔名牌為主的大型精品購物中心——巴爾港購物商場（balharbourshops.com），可由市中心搭乘公車Beach Max Route 120前往，於9700 Block站下車；也有較為休閒、生活取向的海濱購物商場（baysidemarketplace.com），位於交通方便的市中心，鄰近NBA邁阿密熱火隊主場所在的美國航空球場，入夜後的港灣景色十分美麗。

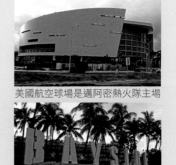

美國航空球場是邁阿密熱火隊主場

氣氛輕鬆的海濱購物商場

1
—
2 | 3

1. 假日舉辦的農夫市集使林肯路上遊客匯聚
   （Phillip Pessar 攝）
2. 林肯路購物中心區內的裝飾風藝術建築
   （Phillip Pessar 攝）
3. 殖民地戲院是林肯路上的代表性建物（Elvert
   Barnes 攝）

1▶3 美國其他地區城市

紐約州水牛城（Buffalo, New York）

　　位居紐約州西部、北美洲五大湖之一的伊利湖（Lake Erie）東北角，與加拿大安大略省僅僅一河之隔，是紐約州僅次於紐約市的第二大城市，連接水牛城與加拿大伊利堡市間的「和平橋」（Peace Bridge），為紀念美國與加拿大兩國停戰一百年紀念而命名。水牛城北接尼加拉大瀑布，並受惠於尼加拉水力發電廠的興建，使水牛城獲得充足的電力應用於公共設施，成為全美第一個廣泛供電的城市，並因此又被稱為「光之城」（City of Light）。

水牛城因尼加拉瀑布而聲名大噪

▶▶ **尼加拉大瀑布**（Niagara Falls）

　　起源於伊利湖的尼加拉河為美國與加拿大的天然分界，在流經寬約350公尺的山羊島（Goat Island）時一分為二，形成美國端瀑布與加拿大端瀑布，夏季以每秒至少10萬立方英尺的水量從懸崖奔流直下，水聲隆隆猶如萬馬奔騰。「美國瀑布」寬約320公尺、落差約55公尺，其中月神島（Luna Island）再區分出美國端瀑布形成較小的「新娘面紗瀑布」（Bridal Veil Falls）；而最大「馬蹄瀑布」（Horseshoe Falls）也稱「加拿大瀑布」寬約790公尺、落差約53公尺，氣勢更為磅礴震撼。尼加拉瀑布州立公園是美國最古老的州立公園，最接近觀景點可以在僅6公尺的超近距離欣賞瀑布，並可由此搭乘知名的「霧中少女號」（Maid of the Mist）遊船，感受大自然鬼斧神工的浩瀚偉大與撼動人心的力量。公園遊客中心除了提供詳盡的資料之外，也代售鄰近景點的套票。

DATA

尼加拉瀑布州立公園遊客中心
🖥 24 Buffalo Avenue, Niagara Falls, NY, 14303（GPS）
📞 （716）278-0337
🖱 niagarafallsstatepark.com
🕗 08:00 ～ 18:00（夏季延長至 21:00）。
🚗 從紐約開車需時約 7 小時，乘坐巴士約 10 小時，搭飛機約 1 小時（距水牛城機場車程約 30 分鐘）。

Info

霧中少女號
地址：1 Prospect St, Niagara Falls, NY 14303
網址：maidofthemist.com
　　每15分鐘一班，遊程長度為20分鐘，帶領遊客直入漫天紛飛的大霧中，不需入境加拿大就可一次收集三個瀑布正面美景，建議服裝規定是發給的藍色雨衣，乘船費用成人17美金、6～12歲兒童9美金、5歲以下免費。

搭乘霧中少女號可更貼近欣賞瀑布

179

波瀾壯闊的瀑布震撼人心

德克薩斯州聖安東尼奧（San Antonio, Texas）

德州是美國本土面積最大的州，所以德州人有句廣為流傳的自豪俗諺便是「德州什麼都大」（Everything is bigger in Texas），又因為曾屬墨西哥的領土且地理上接壤，人口有將近三分之一是拉丁裔，而位在中南部的聖安東尼奧更有超過半數以上的居民擁有西班牙血統，西班牙裔、墨西哥文化氣息更顯濃厚，展現出與其他美國城市迥然不同的風格。多數人對於聖安東尼奧的認識來自於美國職籃NBA的馬刺隊，可能不知道它其實是高雄的姐妹市呢！

德克薩斯州

聖安東尼奧

北

▶▶ 阿拉莫戰役遺址（Alamo）

18世紀初是西班牙的傳教站，後來被西班牙騎兵部隊作為營地，也曾在1815～1821年墨西哥獨立戰爭期間為墨西哥人所占領，但其之所以在美國人心目中占有無可抹滅的地位，是源自於1836年德州宣布脫離墨西哥獨立，並成立德克薩斯共和國。墨西哥軍隊平亂攻打至阿拉莫，當時守軍僅約兩百餘人，與來勢洶洶的七千墨西哥大軍比例懸殊，在毫無勝算的情況下，仍誓死守衛阿拉莫，這場慘烈的圍城之戰歷時十三天，頑強抵抗的守軍終究不敵，被全數殲滅，此役雖敗但卻更激發德州軍隊為自由而戰的決心，而「勿忘阿拉莫！」（Remember the Alamo!）自此成為激勵軍隊士氣的精神口號。

勿忘阿拉莫！（Remember the Alamo!）

DATA

阿拉莫戰役遺址

🏛 300 Alamo Plaza, San Antonio, TX 78205

📞 （210）225-1391

🖥 thealamo.org

🕐 周一至周六 09:00 ～ 17:30、周日 10:00 ～ 17:30。

💲 免費。

墨西哥贈送給聖安東尼奧的雕塑：友誼的火炬

▶▶ 聖安東尼奧河濱步道
(River Walk / Paseo Del Rio)

　　西班牙文Paseo Del Rio指的就是河濱步道，全長386公里的聖安東尼奧河，流經市中心，最後匯流於瓜達盧佩河注入墨西哥灣，其市中心流域低於地面一層，沿著河兩岸旁林立著商店、酒吧及餐廳，是這個城市主要的景點與夜生活娛樂區，並經常舉辦藝文、運動、節慶相關的活動與遊行。通過階梯下到景觀步道，頓時遠離城市的喧囂和車水馬龍，徐徐的微風迎面吹拂而來，潺潺的水聲讓人感到平靜與放鬆，拱橋流水極富詩情畫意，循著步道或搭乘遊船，一起來探訪這座迷人城市的風光吧！

DATA
河濱步道
🏠 地址：110 Broadway St., San Antonio, TX 78205
📞 電話：（210）227-4262
💻 網址：thesanantonioriverwalk.com

河濱步道是聖安東尼奧的主要景點

搭乘遊船由專人導覽這座饒富趣味的城市

▶▶ 自然橋鐘乳石洞穴
（Natural Bridge Caverns）

發現於1960年，位在聖安東尼奧東北方約16公里處，得名自其入口處20公尺長的石灰岩橋，為德州面積最大的商業化經營地底鐘乳石洞穴。鐘乳石的形成是由碳酸鈣和其他礦物質的沉積，沉澱物由上而下結成冰柱狀垂掛的稱為鐘乳石，從地面冒出圓錐狀如竹筍般的稱為石筍，兩者不斷生長至上下兩端相接後逐漸成為石柱。自然橋不僅有地底洞穴外的參觀導覽，還提供了更深入的模擬探險者行程，並有戶外高低空繩索冒險場，以及其他地面景點。

DATA
自然橋鐘乳石洞穴
🏠 26495 Natural Bridge Caverns Rd., San Antonio, TX 78266
📞（210）651 6101
🖥 naturalbridgecaverns.com
🕐 09:00 ～ 17:00（夏季及周末有延長時間）。
💲 12 歲以上 19.99 美金、3 ～ 11 歲 11.99 美金（線上購票可享優惠）。

▶▶ 聖安東尼奧海洋世界
（SeaWorld San Antonio）

全世界最大的海洋主題遊樂園，除了如鱷魚、企鵝、海獅、海豚、白鯨、鯊魚等主要的動物展覽之外，園區最熱門活動便是由被暱稱為Shamu的殺人鯨擔綱演出名為One Ocean的秀，還有驚險刺激的各式超長雲霄飛車（充分發揮了德州地大的優點），並有專為小朋友規劃的芝麻街遊樂灣。近年來推動的促銷方案為購買單日票入園可免費升級「歡樂卡」（Fun Card），自購票日起至該年底可無限次入園遊玩，相當划算。

DATA
聖安東尼奧海洋世界
🏠 10500 SeaWorld Dr., San Antonio, TX 78251
📞（800）700-7786
🖥 seaworld.com/sanantonio
💲 成人 65 美金、3 ～ 9 歲兒童 55 美金。

展現自然奇趣型態各異的鐘乳石

搭乘超長雲霄飛車心臟要夠力

183

德州什麼都大（也包括殺人鯨）

阿拉斯加州

科迪亞克島

北

阿拉斯加科迪亞克島

（Kodiak Island, Alaska）

在1959年正式升格為美國第四十九州的阿拉斯加，是美國幅員最遼闊，同時也是居住人口最不稠密的一州，占地約151.9萬平方公里，超過第二大州德州的兩倍，是俄羅斯帝國在1867年以720萬美金廉售給美國，換算下來每平方公里才4.74美金，至今仍為世界上土地面積最大的一筆交易，當年交易合約生效的日期10月18日便成了阿拉斯加紀念日（Alaska Day）。

科迪亞克島是美國的第二大島（第一大島是夏威夷），又有翡翠島（Emerald Isle）的美名，面積約為0.92萬平方公里，約等同於康乃狄克州面積，且這只為本島的大小，若是加上其他附屬島嶼，科迪亞克群島總面積達1.68萬平方公里，要前往科迪亞克島只能搭船或飛機，本島加上外島居民人口總數僅約一萬三千人之譜，在18世紀時曾為俄國的殖民地，Kodiak在當地原住民語中即意指「島」。

這座風光明媚的島上以商業化漁業為其主要經濟來源，觀光方面提供多樣化的戶外活動，如打獵、賞棕熊、賞鯨、健行、釣魚及獨木舟等，來吸引想要尋求野外冒險刺激的人，是戶外活動愛好者的天堂，但由於漁業和珍貴的野生動物如科迪亞克棕熊是非常珍貴的資產，因此捕魚、打獵或健行在保護區都有很嚴格的法律和相關規定，必須遵守。

安克拉治國際機場

從飛機上鳥瞰阿拉斯加冰河與峽灣風光

漁業研究中心在保育上十分用心

▶▶ 科迪亞克漁業研究中心
(Kodiak Fisheries Research Center)

科迪亞克島上的漁夫雕塑

成立背景緣起於1989年石油公司Exxon的一起嚴重漏油事件，當時有超過1,100萬侖原油洩漏在阿拉斯加灣，盛行風把油汙吹到了南邊的科迪亞克水域，造成其主要經濟核心的商業捕魚全面停擺，大量的野生動物及數以萬計海鳥死亡，失業的漁工便轉而從事海灘清理及拯救受影響的鳥類、海獺及其他野生動物。

二十年後的今天，漏油造成的傷害仍未完全復原，當時Exxon的賠償金被用在保育科迪亞克公共土地，而研究中心成立基金便是來自Exxon的2,000萬美金賠償。科迪亞克有著豐富且多樣化的生態系統，包括自然景觀、海洋生物、商業漁產資源及充沛的研究機會，因此研究中心成立的宗旨之一，便是透過富教育性的展覽和提供與生物互動的機會，幫助訪客認識、了解和學習感激科迪亞克群島上珍貴難得的自然生態，同時也致力於保育、發展和管理北太平洋的海洋生態系統及資源。

185

DATA

科迪亞克漁業研究中心
301 Research Ct, Kodiak, AK 99615
（907）481-1800
www.afsc.noaa.gov/kodiak
夏季周一至周五 08:00 ～ 16:30，冬季周一至周六 08:00 ～ 16:30。
門票：免費。

觸摸池中展示的軟體海生動物

藝文活動：音樂會、表演、展覽、球賽

　　除了參觀景點之外，到了美國不妨留點時間參與造訪城市鄉鎮當地的藝文活動，如在紐約百老匯欣賞一齣喜愛的音樂劇，到華盛頓D.C.的博物館或美術館參觀特展，喜愛運動的人更可把握機會親臨現場看場職業級水準的籃球、棒球賽，搖旗吶喊為支持的選手加油打氣一番。

華盛頓D.C.的美國藝術博物館

美國各項體育賽事蓬勃發展

2▶1 臺灣旅美職業球員

2012年赴美的臺灣棒球選手陳偉殷，現為美國職棒大聯盟（MLB）巴爾的摩金鶯隊的先發投手，其主場就位在巴爾的摩市的金鶯公園（Oriole Park），從內港步行僅15分鐘；曾經效力紐約洋基隊、華盛頓國民隊的王建民於2014年加盟辛辛那提紅人隊；在MLB球隊效力的還有克里夫蘭印第安人隊的李振昌、休士頓太空人隊的羅嘉仁和密爾瓦基釀酒人隊的王維中，以及其他分布在小聯盟各隊的優秀球員；每年4～11月球季期間隨球隊旅行全美各地進行比賽。而2012年美國職籃紐約尼克隊颳起的林書豪旋風，使得NBA在臺灣的球賽轉播觀眾數倍增，林書豪目前隸屬休士頓火箭，主場在德州休士頓市的豐田中心（Toyota Center），NBA常規球季為11月至隔年4月，緊接著是季後賽開打。

建議儘早在球隊官網上了解賽程與比賽地點，以安排相關行程與停留日期，並預先於網上購票以免向隅。因熱門的比賽門票在官網上常很快就銷售一空，可試著透過售票網站購買，如Ticketmaster、TicketsNow和Stubhub等。

官網購票其實是最容易取得優惠價的管道，折扣常在30～50％間，雖需要花點時間尋找合適的折扣代碼，但仍相當值得一試，網上搜尋「球隊名＋Coupon Codes」，查詢可使用的折扣代碼。

親臨現場為支持的球員加油打氣

NBA奧蘭多魔術隊主場

MLB紐約大都會球場

187

2▶2 搜尋藝文活動

　　當地報紙是很好的資訊來源，在街邊投幣式報箱或商店販售，平日版售價多在0.5～1美金間，周日版通常會有額外的藝文資訊夾頁或小冊，提供整個星期的活動列表與介紹推薦，售價稍高約2美金。另外，各大城市常有各式免費報可索取，如紐約的周報《村聲》（Village Voice）、華盛頓D.C.的《城市報》（City Paper）和《快報》（Express）、洛杉磯的《LA周報》（LA Weekly）等，上面刊載了大量藝術、音樂會、電影、表演、展覽、球賽等相關訊息。除了固定的報箱之外，最常在早上的公車或地鐵站發送，而城市的官方網站、遊客服務中心、咖啡廳或圖書館的布告欄，也是了解當地有哪些正在或即將舉辦活動的不錯管道。

2▶3 購買娛樂票券或賽事門票

　　除了可在演出場地的售票處購票之外，美國大多數門票都是在網上售出，且常有預售票折扣，以下提供幾個知名的線上售票網站供參考。

Ticketmaster

· 網址：www.ticketmaster.com

　　票務代理商，幾乎全美所有體育賽事的門票都會透過Ticketmaster代售。不僅線上販售，在許多購物中心也有設服務點。票價為賽事主辦單位所定，Ticketmaster會收取不等的交易手續費。

TicketsNow

· 網址：www.ticketsnow.com

Stubhub

· 網址：www.stubhub.com

　　網路線上門票交易市場，可透過TicketsNow或Stubhub尋找門票或販售門票。除了固定售價之外，也提供出價競標機制，許多球賽的季票持有人不一定能每場都到，就會把無法前往觀賞的場次門票在網上拋售。

例行賽優惠門票常常只要10～15美金

紐約的免費周報《村聲》

佛羅里達州坦帕灣光芒隊的主場：純品康納球場

餐廳與市坊美食

用餐是旅程中的要事

忙碌的廚房可能是美食的所在

3▸1 快速查詢餐廳資訊

　　旅程中除了睜大眼睛欣賞美景，勤動手指按下相機快門之外，吃什麼來填飽肚子也是要事，既然不遠千里來到了美國，當然要盡可能的品嘗當地特色美食，至於觀光區或景點附近的餐廳通常針對過路客一次性消費，往往價高而品質卻無法期待太多，僅幾個街區外的巷弄反而常讓人有意想不到的驚喜發現。

尋找當地美食五大招式

▶ ▶ 招式1：詢問當地人。

　　旅館的服務中心（Concierge）也是對象之一，但有時他們可從中抽取介紹費而傾向推薦特定合作餐廳，建議向旅館中其他工作人員或附近商家店員友善有禮的詢問，因為他們多是住在附近，通常也會願意與你分享私房餐廳，得到的情報將較值

看似不起眼的小店也許會帶來驚喜

不妨勇於嘗試當地特色小吃

得信賴。另一個簡單的指標是，若在日本餐廳見到日本客人、法國餐廳聽到法語交談，或是韓國餐廳內坐的多是韓國人，那麼這家餐廳應該相當道地。

▶ ▶ 招式2：預先做功課。

　　幾個網站，如Yelp.com、Urbanspoon.com、Dine.com，提供各城市裡餐廳詳盡介紹、消費者評比與評論，並且列出價格範圍和營業時間的參考，無論大小餐廳幾乎都可在這些網站上找到相關資訊，先看看別人的用餐經驗來幫助決定是否要親自前往一探究竟。

▶ ▶ 招式3：遠離觀光區。

　　避免在主要景點旁就近用餐，稍為走遠一點避開擁擠人潮，可節省等待時間和不當冤大頭。當經過餐廳時，觀察一下，若裡面沒什麼人，而用餐的客人顯得意興闌珊，那這餐廳大概不會好吃，相反的；若餐廳忙碌，客人不斷進出，表情愉悅且看起來多是當地人，就極有可能發現了美食所在。

▶ ▶ 招式4：耐心的等候。

　　人潮常是美食的象徵，若餐點值得等待那應該味道不錯，在排隊等候的同時和前後的當地人聊聊天，順便打探附近有什麼私房推薦前往遊玩的地方。若發現了一間好餐廳，離開前不妨再拜訪一次，點其他餐點品嘗，因為已有了不錯的經驗值，且下次不知何時能再來光顧。

▶ ▶ 招式5：相信直覺。

　　鼻子就是最佳的導航，色香味俱全的才稱得上是美食，氣味的傳遞最能觸動神經引發食慾，若覺得這家餐廳聞起來真是太令人垂涎欲滴，就勇敢走進去挑個座位坐下來等著大快朵頤吧！異國食物不見得適合每個人口味，所以放寬心胸勇於嘗試，若真不喜歡也是個有趣的經驗，琳瑯滿目的菜單不知從何點起，那就請侍者推薦幾道菜吧！

《Zagat Survey》美食指南雜誌

· 網址：www.zagat.com

　　《Zagat Survey》美食指南雜誌是美國餐飲界的權威調查指標，有「飲食聖經」美譽，除了全美各主要城市之外，Zagat也提供世界各地大城市的餐廳、飯店、夜生活及地方景點評鑑，從食物、裝潢、服務三面向評分，最差為1分、最佳為30分，並有平均每人消費價格的參考。相較於《米其林指南》（Guide Michelin）中規中矩的

Zagat的評比頗具公信力

評論與以中高檔餐廳的評鑑著稱，Zagat顯得比較隨興所至和親民，包含了許多沒有列入米其林三星級餐廳的詳盡介紹，三十多年來已成為美國人尋找美食的重要參考依據，許多餐廳也引以為傲的把歷年Zagat最佳餐廳的證書掛在牆上。早期Zagat紙本版主要彙整消費者評論，單色印刷、沒有圖片，現在除了延續反映消費者真實評價的一貫宗旨之外，Zagat也經營圖文並茂的網站，並推出手機APP供下載，且每年出版新的城市美食指南，在各大書店均可購得。

3▶2 美國速食餐廳介紹

　　速食絕對是美國飲食文化的重心之一，從四處林立的速食餐廳就可發現，許多美國人平日用餐大多仰賴速食，方便快速廉價可取得的餐點，不需要多花腦筋思考，只要按圖索驥告訴店員餐點編號，害羞開口說英文沒關係，手指點餐也行得通。

　　美國餐廳的內用飲料續杯大多免費，拿杯子到飲料機自己裝，喝膩了中途換飲料口味也沒問題，故飲料建議點中或小杯即可，離開餐廳前還可裝滿外帶，但原則上禁止兩人或多人同杯分享。

　　以下簡介幾個臺灣目前未引進的美國連鎖速食餐廳：

速食不失為簡單打發一餐的選擇

Così

・網址：www.getcosi.com

　　發跡於1996年，供應各式三明治與沙拉，以Life Should Be Delicious（生活就應當美味）為精神，特色是店內的開放式燃木磚爐，麵包新鮮現烤香氣四溢，由招牌方形扁餅夾著的三明治很受歡迎。

Chipotle Mexican Grill

· 網址：**www.chipotle.com**

　　齊波特蕾墨西哥烤肉餐廳，名字Chipotle
指的是西班牙文中醃燻烘乾的墨西哥辣椒，
供應墨式米飯、法士達捲餅、塔可和沙拉
等，配料由客人自選。

Five Guys Burgers & Fries

· 網址：**fiveguys.com**

　　主要供應漢堡、熱狗、三明治及薯條，可無限任選多達十五種以上的免費配料，只要
客人敢點他們就能包得起來，特色還包括了無限供應的帶殼花生，以及超大分量的新鮮帶
皮厚切薯條。

Popeye's Chicken & Biscuits

· 網址：**popeyes.com**

卜派炸雞店，創業於1972年，全
美約有一千八百家分店，以路易斯安
那與紐奧良Cajun風味炸雞和比斯吉餅
為主要餐點，100％蔗糖調味的甜茶也
是其特色之一。

Quiznos Subs

· 網址：www.quiznos.com

美國僅次於Subway的潛艇堡連鎖店，
Quiznos的特色是所有堡都烘烤過，吃起來熱騰
騰，除非客人要求不烤，這點正好與Subway相
反，點餐方式與價位都與Subway差不多。

Wendy's

· 網址：www.wendys.com

溫娣漢堡，美國速食業三大龍頭之一，僅次於麥當勞與漢堡王，曾經在臺灣設有分
店，後因經營方向改變於十多年前撤出臺灣，美味的經典方形肉塊漢堡和口感外酥脆內綿
密的薯條，至今仍讓很多人回味無窮。

195

購物中心與市集

4▶1 名牌商品過季暢貨中心

　　英文稱為outlet store、factory outlet，或是直接簡稱為outlet，一般譯為暢貨中心，經營方式為製造商不透過經銷商，直接銷售產品給消費者，在以前暢貨中心多是附設在工廠旁的倉庫或直營門市，主要販賣庫存品、被退回的過季或瑕疵品，因此售價比一般店面的零售價優惠許多，常常是低至半價，甚至1～3折，尤其是名牌商品折價幅度更是顯著的高，相較於臺灣專櫃賣價或美國商店原價簡直是驚人的超值，這樣買到賺到的感覺，令許多人趨之若鶩。目前暢貨中心的經營型態主要為多家品牌廠商集中聯合設點，成立大型的購物區稱作outlet mall或outlet center，規模龐大動輒超過百間商店，常常一整天都還逛不完呢！

紐華克機場附近的名牌暢貨中心

奧蘭多的Premium Outlets

美國著名暢貨中心一覽	
加註★為高檔名牌暢貨中心	
芝加哥暢貨中心：Chicago Premium Outlets, 1650 Premium Outlets Boulevard, Aurora, IL 60502	地點：芝加哥
120間商店，Ann Taylor、Armani、Banana Republic、Calvin Klein、Coach、Cole Haan、Elie Tahari、Gap、J.Crew、Lacoste、Nike、Polo Ralph Lauren、Salvatore Ferragamo、Sony、Theory、Vera Bradley等。	
沙漠丘★：Desert Hills Premium Factory Outlets, 48400 Seminole Drive, Cabazon, CA 92230	地點：加州
離加州棕櫚泉僅20分鐘車程，130間商店，Armani、Coach、Dolce & Gabbana、Gucci、Neiman Marcus Last Call、Ralph Lauren、Prada、Saks Fifth Avenue Off 5TH、Salvatore Ferragamo、Versace、Saint Laurent Paris等。	
艾靈頓★：Ellenton Premium Outlets 5461 Factory Shops Boulevard, Ellenton, FL 34222	地點：佛州
離坦帕約30分鐘車程，130間商店，Banana Republic、Calvin Klein、Coach、J.Crew、Kate Spade New York、Kenneth Cole、Lacoste、Lucky Brand、Michael Kors、Movado、Nike、Saks Fifth Avenue Off 5TH等。	
休士頓暢貨中心：Houston Premium Outlets, 29300 Hempstead Road, Cypress, TX 77433	地點：德州
135間店，Armani Exchange、Burberry、Coach、Cole Haan、Elie Tahari、J.Crew、Kate Spade New York、Kenneth Cole、Lacoste、Michael Kors、Nautica、Nike、TAG Heuer、Saks Fifth Avenue Off 5TH、Tory Burch等。	
拉斯維加斯★：Las Vegas Premium Outlets, 875 South Grand Central Parkway, Las Vegas, NV 89106	地點：內華達州
離拉斯維加斯大道The Strip僅5分鐘，150間商店，A|X、Ann Taylor、Burberry、Calvin Klein、Coach、Cole Haan、Dolce & Gabbana、Kenneth Cole、Lacoste、Nautica、Polo Ralph Lauren、Salvatore Ferragamo、Tory Burch等。	
北喬治亞：North Georgia Premium Outlets, 800 Highway 400 South, Dawsonville, GA 30534	地點：喬治亞州
離亞特蘭大市約45分鐘車程，140間商店，Ann Taylor、Burberry、Coach、Cole Haan、Elie Tahari、Gap、Hugo Boss、Kate Spade New York、Michael Kors、Nike、Polo Ralph Lauren、Saks Fifth Avenue Off 5th、Williams-Sonoma等。	

費城暢貨中心：Philadelphia Premium Outlets, 18 West Lightcap Road, Limerick, PA 19464　地點：賓州

150間商店，Ann Taylor、Banana Republic、BCBG Max、Brooks Brothers、Calvin Klein、Coach、Cole Haan、DKNY、Elie Tahari、Gap、Guess、Last Call by Neiman Marcus、Michael Kors、Nike、Polo Ralph Lauren、Tommy Hilfiger等。

聖馬可★：San Marcos Premium Outlets, 3939 IH-35 South #900, San Marcos, TX 78666　地點：德州

喜愛A&F的人不可錯過，140間商店，Armani、Calvin Klein、Coach、Diane Von Furstenberg、Elie Tahari、Gucci、Michael Kors、Neiman Marcus Last Call、Prada、 Saks Fifth Avenue Off 5TH、Tory Burch、Victoria's Secret等。

西雅圖暢貨中心：Seattle Premium Outlets, 10600 Quil Ceda Blvd.,Tulalip, WA 98271　地點：華盛頓州

西雅圖市北邊約30分鐘，125間商店，Adidas、Ann Taylor、Banana Republic、BCBG Max 、Burberry、Calvin Klein、Coach、DKNY、Guess、J.Crew、Kenneth Cole、Lacoste、Nike、Polo Ralph Lauren、Tommy Hilfiger等。

Waikele Premium Outlets, 94-790 Lumiaina Street, Waipahu, HI 96797　地點：夏威夷

衝浪累了就去血拼吧！50間店，A|X Armani Exchange、Adidas、Banana Republic、Calvin Klein、Coach、Guess、LeSportsac、Michael Kors、Polo Ralph Lauren、Saks Fifth Avenue Off 5TH、Tommy Bahama、Tommy Hilfiger等。

伍德伯里★：Woodbury Commons Premium Outlets , 498 Red Apple Court, Central Valley, NY 10917　地點：紐約州

美東最大，220間商店，A|X、Armani、Banana Republic、Calvin Klein、Chloé、Dolce & Gabbana、Fendi、Gucci、Juicy Couture、Levi's、Polo Ralph Lauren、Saint Laurent Paris、Salvatore Ferragamo、Superdry、Versace等。

Wrentham Village Premium Outlets, One Premium Outlets Boulevard, Wrentham, MA 02093　地點：麻州

波士頓南邊約35分鐘，170間商店，Banana Republic、Barneys NY、Bloomingdale's Outlet、Burberry、Calvin Klein、Coach、Cole Haan、Elie Tahari、Guess、Juicy Couture、Lacoste、Michael Kors、Theory、Tommy Hilfiger等。

4▶2 百貨服飾優惠折扣商店

時間不夠無法前往暢貨中心或想就近撿便宜時，百貨服飾優惠折扣商店就像是迷你outlets，集合了眾多品牌，在美國稱之為Off-Price商店，用遠低於一般零售的價格來銷售商品，從高檔到默默無名的牌子，銷售的商品琳瑯滿目，從服飾、鞋帽、手飾配件、香水、彩妝保養品、寢具、廚具、小家電、電子產品、玩具、裝飾到行李箱等，只要可以想到的幾乎都有賣，許多知名品牌如Calvin Klein、Polo Ralph Lauren等更常常低至2～3折，但不盡然是過季商品唷！

Off-Price商店Marshalls

以T.J.Maxx為例，TJ's保證85％為當季新品，且平均每兩周就上架新品，這表示可能同時在梅西百貨（Macy's）看到一模一樣的外套，但在TJ's卻只要三分之一的價錢就買到。原來這些Off-Price商店尋訪各大知名國內外設計品牌，以低價購入製造過量的商品，如製造商有製作六千件同款衣服的布料，但百貨公司只訂購了五千件，此時Off-Price商店就低價吃下那多餘的一千件。

更棒的是，這些商店通常還有自己的折價系統和清倉區，進來越久的商品降價也越多，常常可以看到標籤上貼了一張又一張的紅紅黃黃減價貼紙，雖因品項繁多，貨架陳列不若百貨公司或專櫃整齊，卻很有尋寶的樂趣。以下為美國前三大連鎖Off-Price商店，各有超過或將近千家分店散布在全美大小城市鄉鎮，有極大機會在旅途中碰上幾間。

· Marshalls　www.marshallsonline.com
· Ross　www.rossstores.com
· T.J.Maxx　tjmaxx.tjx.com

4▶3 百貨公司、商圈

美國的購物中心除了許多品牌的集合之外，通常會有二至三間知名度高、商譽良好的大型百貨公司，如JC Penny、Nordstrom、Sears、Dillard's等，位於各端點的主要出入口處，稱為錨店（anchor store）或主力商店，這些百貨公司也有單獨成店，如在紐約中城區34街上的梅西百貨旗艦店，面積達20.5萬平方公尺，從1924～2009年是全世界最大的百貨公司，直到被韓國釜山新建的新世界百貨店取代。而全美最大的室內購物中心為「美國商場」（Mall of America），位在明尼蘇達州的布盧明頓市，靠近明尼阿波利斯－聖保羅國際機場（MSP），總樓層面積50萬平方公尺，約可容納七個洋基棒球場，內有超過530

間商店，一個室內的樂園──尼克環球樂園（Nickelodeon Universe），以海綿寶寶、降世神通及愛探險的朵拉等卡通明星為主題，並有多間餐廳及明尼蘇達海生館與2013年開幕的Radisson Blu高級旅館。

購物中心的錨店梅西百貨

Macy's 梅西百貨旗艦店

🏢 151 West 34th St., Herald Square New York, NY 10001

📞 （212）695-4400

🖥 www.macys.com

⌚ 周日 11:00 ～ 20:30，周一至周五 09:00 ～ 21:30，周六 10:00 ～ 21:30。

🚇 紐約地鐵橘線 B、D、F、M，黃線 N、Q、R、W 到 34th St.–Herald Sq. 站；或是紅線 A、C、E，藍線 1、2、3 到 34th St.–Penn Station 站。

美國商場（Mall of America）

🏢 60 E Broadway, Bloomington, MN 55425

📞 （952）883-8800

🖥 www.mallofamerica.com

🚋 MSP 機場搭輕軌列車 Hiawatha Line（Route 55）前往，車程約 12 分鐘。

紐約第五大道上名店匯聚

紐約的第五大道（Fifth Ave.）是世界時尚的風向球，號稱全世界最貴的一條街，各大名牌精品百貨商競相在這位於曼哈頓中城區的精華地段開設旗艦店，附近也匯聚眾多景點，如帝國大廈、紐約公共圖書館、洛克菲勒中心、聖派翠克教堂和中央公園等。而美國東西岸大城市類似的商圈還有波士頓的紐柏麗商店街（Newbury St.）、華盛頓D.C.喬治城的M街（M St.）、洛杉磯比佛利山區的羅迪歐名店街（Rodeo Dr.），以及舊金山日本城附近的菲爾莫爾街（Fillmore St.），最佳前往的時機為聖誕節等重要節慶，將更能感受商圈的熱鬧氣氛。

休閒品牌Hollister在第五大道的旗艦店

喬治城M街上的杯子蛋糕店

紐約／第五大道（Fifth Ave.）
🚇 紐約地鐵黃線 N、Q、R、W 到 Lexington Ave.-59th St. 站，往西步行三個街區。

波士頓／紐柏麗街（Newbury St.）
🚇 麻州灣區地鐵綠線到 Hynes Convention Center、Arlington 或 Copley 站下車。

華盛頓 D.C.／M 街（M St.）
🚇 華盛頓 D.C. 地鐵橘線或藍線到 Rosslyn 或 Foggy Bottom / GWU Station 站，步行約 25 ～ 30 分鐘。

洛杉磯／羅迪歐街（Rodeo Dr.）
🚇 洛杉磯地鐵紅線或紫線到 Vermont / Wilshire 站，轉乘接駁公車 720 西向，在比佛利街下車（Beverly Dr.），往西步行一個街區。

舊金山／菲爾莫爾街（Fillmore St.）
🚇 舊金山都會輕軌鐵道系統（Muni），路線 2、3 或 22-Fillmore 專線，在 Sutter St. & Fillmore St. 站下車。

波士頓紐柏麗商店街

可愛的粉色小屋販售裝飾與古物

4▸4 露天市集、傳統市場

　　農夫市場採買新鮮蔬果，漁夫市場挑選現撈海鮮，跳蚤市場尋找寶物，古董秀收藏珍稀古玩，一年之中大大小小的活動，讓許多美國人和外地遊客樂此不疲的趕集湊熱鬧。

　　市集是城市生活的縮影，最生動鮮明的旅遊指南，在市集裡可以看到最當地人的穿著打扮、飲食、特產和歷史等，若能幸運碰上絕對是旅程中的亮點。一般來說，位置靠北的州的露天市集多在溫暖的春夏舉辦，南方的州因常年氣候較溫暖多全年無休，而固定地點、營業時間的傳統市場，則是較適合安排進預先規劃好的行程中。

逛市場最能感受地方文化

漁夫市場販售新鮮海撈

美國東西岸最受歡迎的幾個市集

地獄廚房跳蚤市場

布魯克林跳蚤市場

古董跳蚤市場可找到具歷史感的物品

市集裡有許多手工商品

販賣各式口味焦糖蘋果的攤位

跳蚤市場常可見到復古懷舊商品

看到喜歡的商品可試著和賣家講價

▶▶ **紐約／地獄廚房跳蚤市場**（Hell's Kitchen Flea Market）

網址：www.hellskitchenfleamarket.com

地點：West 39th St. & 9th Ave., NY 10018

時間：周六、周日09:00～18:00（全年無休）。

　　《國家地理雜誌》評選為「世界十大購物街」，紐約市著名的人文景觀，前來尋寶者除了當地居民、收藏家和慕名而來的遊客之外，不乏時尚玩家、藝術家及名人等，販售物以古董、古著、裝飾品、家具飾品和近期二手商品等為大宗。

▶▶ **紐約／布魯克林跳蚤市場**（Brooklyn Flea Market）

網址：www.brooklynflea.com

地點：Brooklyn, NY（有數個地點，請上官方網站查詢）

時間：周六、周日，開放時段依地點不同（4月中至感恩節前後）

　　還算是相當新的一個市集，但隨布魯克林近年來儼然逐漸轉型成新的蘇活區，目前受歡迎的程度不亞於東岸的其他跳蚤市場，攤販數量約在150個上下，除了二手雜貨用品、家具、服飾之外，也有開放販售手創文物，並設有數攤特色餐飲。

▶▶ **華盛頓D.C.／喬治城跳蚤市場**（Georgetown Flea Market）

網址：www.georgetownfleamarket.com

地點：1819 35th St. NW, Washington, DC 20007

時間：周日08:00～16:00（全年無休）。

　　始於1972年，華盛頓D.C.運作歷史最久的戶外市集，超過100個攤位，販售的商品種類，包括古董、藝術品、地毯、家具、陶瓷、珠寶、銀器和書報等，因位在首府華盛頓D.C.，故時有機會遇到知名的政治人物、法官、外交官同場選購商品呢！

▶▶ **麻州／布林菲爾德古董跳蚤市場**（Brimfield Antique Flea Market Show）

網址：www.brimfield.com

地點：23 Main St., Brimfield, MA 01010

時間：5、7、9月中旬為時六天（日期前一年於官網公布）。

門票：5～7美金。

　　全美最大的戶外古董秀，開始於1959年，經過五十多個年頭，從最初的67個攤位成長至今日的超過5,000個攤位，沿著20號公路綿延長達1英哩，面積占二十一個3～5公畝大小的區塊，每年吸引超過百萬人，如有意前往建議提前半年訂房。

203

▶▶ 佛州／戴透納跳蚤與農夫市場（Daytona Flea & Farmers Market）

網址：daytonafleamarket.com

地點：2987 Bellevue Ave., Daytona Beach, FL 32124

時間：每周五、周六、周日09:00～17:00（全年無休）。

　　靠近戴透納海灘，特色是結合跳蚤與農夫市場，除了二手舊貨之外，也販售新鮮的農產品和啤酒，並舉辦許多活動，被《USA Weekend》雜誌評選為「最佳五大跳蚤市場」，有約1,000個露天及室內攤位，新舊商品皆有，並有一元商店。

▶▶ 洛杉磯／玫瑰碗跳蚤市場（Rose Bowl Flea Market）

網址：www.rgcshows.com/RoseBowl.aspx

地點：1001 Rose Bowl Dr., Pasadena, CA 91103

時間：每個月的第二個周日，最晚至16:30（全年無休）。

門票：05:00～07:00時段20美金，07:00～08:00時段15美金，08:00～09:00時段10美金，09:00～15:00時段8美金（12歲以下兒童有大人隨行免費）。

　　南加州最著名的跳蚤市集，超過四十年歷史，得名於使用UCLA美式足球棕熊隊的主場體育館Rose Bowl Stadium作為場地，此球場同時是1984年洛杉磯奧運會的主運動場，約2,500個攤位環繞球場內外圍及超過2萬人進場。

▶▶ 舊金山／阿拉米達古董跳蚤市場（Alameda Flea Market）

網址：www.alamedapointantiquesfaire.com

地點：2900 Navy Way（at Main St.），Alameda, CA 94501

時間：每個月的第一個周日（全年無休）。

門票：06:00～07:30時段15美金，07:30～09:00時段10美金，09:00～15:00時段5美金（15歲以下兒童有大人隨行免費）。

　　北加州最具規模的古董跳蚤市場，現有超過800個攤位，販售的商品至少超過二十年的歷史，吸引舊金山灣區的買家有如朝聖般，每個月的第一個周日準時報到，地點位在與舊金山相隔海灣大橋的奧克蘭南邊海港基地。

▶▶ 聖荷西／聖荷西跳蚤市場（San Jose Flea Market）

網址：www.sjfm.com

地點：1590 Berryessa Rd., San Jose, CA 95133

時間：周三、周五、周六、周日，黎明到黃昏。

停車費：周六、周日為7美金（08:00以前免費），周三、周五為3美金。

　　占地約120英畝，每年吸引超過四百萬名遊客，販賣藝術收藏品、農產品等，並有數十

個點心攤與餐車，以及供小孩乘坐的遊樂設施與現場音樂表演等，型態較為類似州市集。是暢銷書《追風箏的孩子》主角遇見未來妻子並一起工作的地方。

尋寶小建議

▶ ▶ 早起的鳥兒有蟲吃

許多收藏行家在太陽還未升起時就帶著手電筒翻箱倒櫃挖寶去了，好商品是不等人的。先逛戶外的流動攤位再逛室內的固定攤位，因戶外的攤位中比較多古物和特殊品，室內則多販售新品和批發貨。

帶個大購物袋來挖寶

▶ ▶ 攜帶足夠的現金

銀貨兩訖，絕大多數攤販只收現金，且不是每個跳蚤市場都有ATM，預先多換開一些小鈔。錢財不露白，錢放在前口袋、背包揹在前方，人多的地方小心扒手。

▶ ▶ 準備大購物袋

把挖到的寶物統統放進去，才能空出手來挖更多的寶。

▶ ▶ 穿舒適好走的鞋

許多市場面積廣大攤位數驚人，從早走到晚都還逛不完，一雙舒適且底部有厚度的鞋，會讓人在一天結束之際萬分感謝。另外建議多層次穿搭，許多地區溫差大且天氣轉換迅速。

▶ ▶ 別忘了殺價

覺得價錢稍高就問問看能否便宜點，但若沒有真心要買，切勿一樣問過一樣，以免真看到想要的東西時，攤商卻懶得做生意了。近傍晚收攤打烊前是買到超划算出清商品的好時機，此時講價的幅度便可大一點。

4▶5 紀念品、伴手禮

　　旅遊時，除了拍照留念之外，總會想要為自己或
親友帶點具有象徵性的紀念品或小禮物。在觀光區要
找到合適的紀念品並非難事，可在獨立的大型紀念品
專賣店選購，各個購物中心內也通常都有紀念品店與
花車販賣各式商品，舉凡風景明信片、印著I♥NY字樣
的T-Shirt、FBI或CIA的鴨舌帽、球隊馬克杯和背包到自
由女神模型等，應有盡有。原則上建議避開街邊的攤
販，雖然價錢壓得很低，但質量也相對較差且粗糙，
博物館和美術館一般也都有附設禮品店，販售的商品
主題性強且質感較佳，比較有機會找到較為與眾不同
的紀念品，在參觀博物館的同時不妨順道留意一下。

紐約的紀念品專賣店

購物中心裡的紀念品攤位

美國歷史博物館的禮品店

4▶6 省錢祕技：善用折價券

　　只要肯花點時間做功課收集資訊，在美國生活及旅遊無論是參觀景點、購物及用餐，
幾乎任何地方都可以享受到程度不等的折扣，以下就來逐項揭露省錢祕技：

網上提前購票

　　許多景點和旅遊行程都會發售折扣預售票，規劃需購票參訪行程時，先上景點網站查
看，是否有提前訂票折扣或減價時段可選，有時可以買到意想不到的超低價票，例如華盛

頓D.C.的杜莎夫人蠟像館（www.madametussauds.com），成人票原價21.5美金，線上購票最低只要12.9美金，現省40％，其他城市也有不等的優惠。

如果沒時間逐一查看，推薦上Trusted Tours and Attractions網站（www.trustedtours.com），提供各大城市大小旅遊套裝優惠行程一站式預訂服務。

網上列印折價券

使用折價券在美國是非常普遍的省錢方式，各品牌網站上常會有COUPON區，往往可取得5～10美金不等的折價券，或是10～25％ off，甚至更低的折數，加入E-mail Club也是便利取得折價券的管道之一，如COACH不定期會E-mail額外30％ off的優惠，再搭配上店內既有的促銷，雙重優惠省更多！

Google.com或Yahoo.com搜尋「品牌名＋coupon」，例如GAP coupon，即可快速得到相關資訊。另外幾個網站，如RetailMeNot.com、FatWallet.com和slickdeals.net等，清楚詳盡地整理各家商店折價券或促銷代碼，血拼前別忘了先上去看看。另可下載這些網站的APP到智慧型手機，利用購物中心或outlets的免費無線網路服務，立即搜尋並開啟手機版電子折價券來使用。

COACH額外30％ off折價券

超值團購網站

團購是一種以量制價消費模式，許多新店也透過團購來拓展客源，折扣在40～70％間，簡單來說就是以低於面額的價錢取得折價券，如付10美金買到價值25美金的抵用券，或是只要半價的知名景點門票等，通常有限定的使用時間和效期，購買前需要仔細了解相關限制。

· Groupon 　www.groupon.com
· LivingSocial 　www.livingsocial.com
· Travelzoo Local Deals（著重旅遊產品，如景點、旅館、交通票券、套裝行程等）
　www.travelzoo.com/local-deals

RetailMeNot收集各品牌優惠資訊

超低價餐飲抵用券

　　Restaurant.com是最知名的餐飲抵用券網站，只要輸入郵遞區號（Zip Code）或城市名，便可以搜尋該區域內有合作的餐廳和評價，一般約可以半價購買到抵用券，使用方式類似coupon，但無使用期限，倘若餐廳結束營業，Restaurant.com會主動通知並可改選同面額的其他餐廳，重點是Restaurant.com幾乎一直有促銷，註冊後便可以第一時間得到最新的優惠代碼（Promo Code），往往能只用2美金便購得價值25美金的抵用券，尋找Promo Code可google「Restaurant.com Promo Code」。

雜誌與周日報紙

　　美國周日報紙固有的傳統，就是會有厚厚的一包廣告夾頁，能夠得知特價品與優惠訊息，經常內附Macy's、運動用品專賣店Sports Authority、Sears百貨的15～25% off折價券，以及餐廳優惠券等。除了商店傳單和百貨公司型錄之外，通常還會有一至三份各約10～15頁的折價券，多為用品、食物，以及知名品牌的化妝品、保養品，周日版報紙在商店和街邊報箱販售，每份售價約在0.5～2美金之間，許多商店周六便開始販售夾有折價券的周日報預售版，讓消費者可以及早計畫。

　　超市與便利商店販售的各式雜誌內，常附有知名服飾品牌或彩妝的折價券，美國販售的雜誌絕大部分都是無封套可翻閱的，有機會不妨翻翻看，若有需要的折價券再花點小錢購買，售價約在2～10美金。

遊客中心索取折價券

　　取得景點訊息和餐廳折價券的好地方，特別留意免費地圖背面，或是旅遊手冊的內頁和封底，也別忘了向服務人員打探有什麼近期的免費活動或景點優惠，可以得到許多情報唷！

遊客服務中心提供景點、旅館、餐廳資訊

星期日報紙內的廣告夾頁常有不少折價券

商店架上雜誌多可免費翻閱

步驟5

▼

規劃旅遊路線

提供以停留天數長短來規劃的行程建議供參考，不包含行程前後之來回臺灣與美國的搭機時間，並以相同顏色做鄰近區域標示，可依需求和抵達的機場做塊狀順序調整，如有多餘的時間或額外的停留日，再自行添加入有興趣的景點或稍放慢遊玩腳步。

1▶1 美西建議路線

一次暢遊美西三大城市——洛杉磯、舊金山與拉斯維加斯，與兩大國家公園——大峽谷與優勝美地。洛杉磯第一天的市區觀光，可以考慮參加囊括主要景點的當地一日遊行程，省去開車或搭乘交通工具轉乘的麻煩，第三天再去幾個有興趣的點，中午時分便前往拉斯維加斯，途經暢貨中心時不妨停下來逛逛並休息，大峽谷西峽為當天來回行程，回到拉斯維加斯再宿一晚，隔天啟程往舊金山。

舊金山維多利亞式建築：六姐妹屋

美西9日遊行程參考

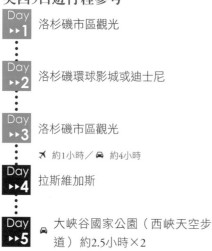

Day ▶▶1 洛杉磯市區觀光

Day ▶▶2 洛杉磯環球影城或迪士尼

Day ▶▶3 洛杉磯市區觀光
✈ 約1小時／🚗 約4小時

Day ▶▶4 拉斯維加斯

Day ▶▶5 🚗 大峽谷國家公園（西峽天空步道）約2.5小時×2

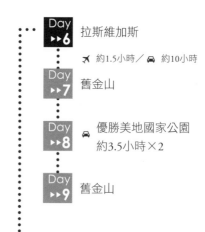

Day ▶▶6 拉斯維加斯
✈ 約1.5小時／🚗 約10小時

Day ▶▶7 舊金山

Day ▶▶8 🚗 優勝美地國家公園 約3.5小時×2

Day ▶▶9 舊金山

1▶2 美東建議路線

美東北部是美國文化歷史的發源地，更是獨立革命的重要舞臺，自古以來人文氣息濃厚且為政治經濟發展的重心，波士頓、費城、華盛頓D.C.都是代表，而紐約市人文薈萃同時走在潮流時尚的尖端，這幾個城市各有特色與值得一覽之處。從紐約到尼加拉大瀑布再至波士頓一段，路途遙遠建議搭乘飛機以節省時間，而波士頓至華盛頓D.C.間各點，可考慮搭乘美國國鐵或自行開車，費城和華盛頓D.C.大眾交通運輸十分便捷，市區觀光建議搭乘地鐵或觀光公車為主，避免市區停車不易且費用高昂。

鄰近華盛頓D.C.的硫磺島紀念碑

美東10日遊行程參考

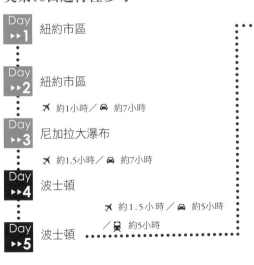

Day ▶▶1 紐約市區

Day ▶▶2 紐約市區
✈ 約1小時／🚌 約7小時

Day ▶▶3 尼加拉大瀑布
✈ 約1.5小時／🚌 約7小時

Day ▶▶4 波士頓
✈ 約1.5小時／🚌 約5小時
／🚆 約5小時

Day ▶▶5 波士頓

Day ▶▶6 費城

Day ▶▶7 費城
🚆 約1小時／🚌 約1.45小時

Day ▶▶8 巴爾的摩
🚆 約45分鐘／🚌 約1小時

Day ▶▶9 華盛頓D.C.

Day ▶10 華盛頓D.C.

1▶3 橫跨東西的壯遊路線

美國幅員廣大，公路系統亦十分發達暢通，東岸至西岸或西岸至東岸的路線安排，少說可有上百種的變化。其中最經典著名的路線是有「美國公路之母」與「美國大街」稱號的66號公路（Route 66），興建於1927～1938年間，是美國最早的幾條公路之一，全長約3,939公里，由芝加哥一路連貫到洛杉磯，途經伊利諾州、密蘇里州、堪薩斯州、奧克拉荷馬州、德克薩斯州、新墨西哥州、亞利桑那州、加利福尼亞州共八個州，以及許多知名景點，並帶動了沿線的經濟和觀光發展，長達十年的修築工程克服了許多地形的障礙與限制，也創造了無數就業機會，更是許多人攜家帶眷前往東岸謀求生存發展的希望之路。

66號公路曾是美國夢的象徵，然而1956年《州際公路法案》的推動，使66號公路逐漸被更為筆直快速的州際公路逐步取代，只有兩線道且重要性不再的66號公路日漸式微，終於在1985年正式自公路系統中移除，但因為一群鍥而不捨的個人與團體極力奔走宣揚，用行動保存66號公路的歷史價值，終於使其重新以「66號歷史公路」（Historic Route 66）之名復興於地圖上。雖然已無法如同過去那樣一路直達，但實際上橫貫東西的州際公路仍多是以66號公路為藍圖，就建築在舊路的旁邊或原路上，故行駛在66號歷史公路上將難免多次被迫轉進州際公路，即便如此，走一趟66號公路絕對是生動鮮明且令人難忘的最佳體驗美國方式。

開車旅行是體驗美國的最佳方式之一

建議使用衛星導航系統或有人同行可協助看地圖

Info

RoadtripAmerica網站

RoadtripAmerica是一個資源豐富的網站（roadtripamerica.com），提供公路旅行的旅程規劃工具、地圖、經驗與建議、旅人論壇等，還有方便旅途中食用的餐點食譜分享，最實用的莫過於免費的「路線規劃精靈」（Map Wizard），輸入起訖地址或城市名後，便會出現建議路線與計算里程數，此時選擇希望景點距離的遠近，地圖上便會顯示沿途經過的風景名勝、地標、古蹟、國家公園、餐廳、旅館、購物中心等小旗標，點選則開啟詳細說明與地址，可依需求取捨停留點來客製化個人的旅行路線圖。

「美國公路之母」66號公路

1▶4　國家公園之旅

　　美國較知名的國家公園多集中在西部地區，9天8個國家公園的行程是相當緊湊的，且全程需開車頗為耗費體力，最好是能輪流開車並在中途適時停下來休息，倘若有較充裕的時間，可考慮在死亡谷或大峽谷國家公園多停留一天，或是增加前往大峽谷西峽的天空步道。國家公園的旅館和小木屋費用一般較高，尤其是遇到旺季還可能訂不到房，建議選擇住宿在鄰近或公園出入口附近城鎮的旅館。

黃石是美國第一座國家公園

美西國家公園9日遊行程參考

Day ▶▶1　舊金山→優勝美地國家公園　🚗 約3.5小時

Day ▶▶2　國王峽谷及紅杉國家公園　🚗 約2＋1.5小時

Day ▶▶3　死亡谷國家公園　🚗 約6小時

Day ▶▶4　拉斯維加斯　🚗 約2.5小時

Day ▶▶5　錫安國家公園＋布萊斯峽谷國家公園　🚗 約2＋2小時

Day ▶▶6　拱門國家公園　🚗 約4小時

Day ▶▶7　大峽谷國家公園　🚗 約5小時

Day ▶▶8　拉斯維加斯　🚗 約4小時

Day ▶▶9　拉斯維加斯→洛杉磯　🚗 約4小時

215

1▶5 主題樂園之旅

奧蘭多為世界上主題樂園最為密集的城市，交通方式可利用大眾交通工具或租車，以一天玩一個主題樂園為原則，預先規劃從早到晚的整天遊玩路線，並建議於開園前便抵達，時間上會較為充裕，也才能玩得盡興。其中迪士尼樂園與環球影城及其他樂園相距較遠，且晚上的煙火表演不容錯過，不妨考慮安排幾天住在迪士尼內的度假村。

迪士尼神奇王國的遊行

奧蘭多主題樂園9日遊行程參考

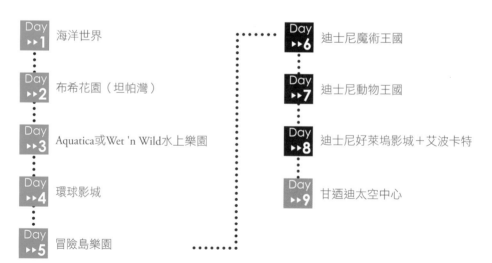

Day
▶▶1　海洋世界

Day
▶▶2　布希花園（坦帕灣）

Day
▶▶3　Aquatica或Wet 'n Wild水上樂園

Day
▶▶4　環球影城

Day
▶▶5　冒險島樂園

Day
▶▶6　迪士尼魔術王國

Day
▶▶7　迪士尼動物王國

Day
▶▶8　迪士尼好萊塢影城＋艾波卡特

Day
▶▶9　甘迺迪太空中心

1▶6 阿拉斯加極光之旅

　　極光（Aurora）是大自然界最令人讚嘆天地奧妙的奇景之一，它是由太陽風帶來的帶電粒子受地磁作用，與地球大氣碰撞所產生的微弱光線，色彩絢麗、變幻多姿，因為必須在靠近極地的地區發生，故稱極光。阿拉斯加的費爾班克斯（Fairbanks）因接近北極圈，是全球觀測極光機率最高的都市，有「極光之都」的美稱，然而天地間奧祕往往可遇而不可求，所以需妥善規劃，畢竟觀賞奇景，還得老天成全。極光最常出現在接近極地永晝永夜的特殊天候下，永晝時雖然有較長的觀測時間，但冬季氣候較差，雲多雪多、冰天雪地下，反倒無法輕易觀賞到極光，反而春秋季節，晝夜均長，較為適合觀測，尤其晚秋入冬前，公認是觀賞極光的最佳時節。

　　前往阿拉斯加可從西雅圖搭乘飛機前往安克拉治，再由安克拉治轉乘火車抵達費爾班克斯，建議規劃長度為期一周左右的極光之旅，並可加入費爾班克斯市區觀光與阿拉斯加景觀公路等行程。

Info

阿拉斯加旅遊網站

　　阿拉斯加資訊與各項當地交通方式介紹，可上阿拉斯加旅遊網站（alaska.org）查詢。

其他遊玩方式

美國是個非常重視休閒旅遊的國家，假期旅遊基本上是許多美國家庭年度計畫編排的重頭大戲，海陸空各式旅遊端看遊客個人喜好及預算，以下整理了幾個較為特殊的遊玩方式供參考。

2▶1 RV露營車

RV為Recreational Vehicle的縮寫，意即多功能休旅車，在美國又普遍被稱為Motorhome，也就是「活動住家」的意思，並分有自走式露營車、拖曳式露營拖車，以及可架在貨卡上的露營廂等數種類型。車內設備主要有寢具、衛浴、烹飪、供水與發電等，許多並裝有餐桌椅、冰箱和電視等，就像間小房子，可供居住、長途旅行和露營使用，是美國很具代表性的一種交通工具與旅行方式。

約可容納6人的自走式RV露營車

中小型的自走式RV露營車約可容納4～6人，除了雙人臥房和駕駛室上方空間可容納兩人之外，沙發及餐桌可變換為單人床，適合小團體旅行以共同分擔費用，節省食宿與交通費，但RV露營車不僅駕駛最好必須有熟練的技術和知悉美國路況，還有其他需要特別注意的事項，如停車過夜需在露營車營地（RV Park）或事先取得許可的停車位，否則容易吃上罰單，且並不是所有營地都有水源、電源和排汙下水管可接，如國家或洲公園的公有露營區，若遇到這樣的情況需前往公共汙水處理站（dump station）傾倒水肥與汲取乾淨儲備水等。另外常見的有RV度假村，可將RV停在相較超豪華，一應俱全的五星級營地內，並享受度假村的遊憩設施，費用也相對高昂許多，倘若旅程中無法順利銜接營地過夜，有些大型連鎖賣場如Wal-Mart、Kmart、Camping World或大型購物、暢貨中心等，大多願意讓RV免費在其停車場過夜，但保險起見仍應主動向店經理確認。

由貨卡拖曳的可拆式露營拖車

Info　**租車網站**

　　Cruise America（cruiseamerica.com）和Camping World（campingworld.com）提供各州租車服務，可先於網站上了解車型與試算費用。

2▶2　郵輪之旅

　　厭倦了開車坐車的行程，何不嘗試輕鬆逍遙的乘船度假去？在平穩舒適的豪華郵輪上享受各種精采豐富的活動和多樣化的精緻美食。遊輪如同一個海上大型度假村，船上基本設備通常包括游泳池、露天按摩浴池、健身房、球場、酒吧、舞廳及賭場等，應有盡有且具高度娛樂性，相當受到各類型遊客喜愛。郵輪旅遊在美國有形形色色的行程，

美國郵輪網站有詳盡的圖文介紹

219

若想接近大自然，觀賞壯麗冰河景色，可以選擇阿拉斯加郵輪冰河之旅，如果想感受熱帶小島的熱情風土，不妨考慮加勒比海島之旅，而美國的河流亦有其獨特而別具魅力的自然風光，河上旅遊可參考密西西比河郵輪，或是美國西部的哥倫比亞河與蛇河旅遊。

2▶3　海灘度假村

前往海灘旅遊是非常受到喜愛陽光與自然的美國人所歡迎的度假方式，不妨安排幾天好好享受悠閒，全美有許多熱門的海灘，如夏威夷的拉尼凱海灘、茂宜島的卡阿納帕利沙灘；佛羅里達的可可海灘、清水海灘和羅德岱堡海灘；加州的拉古納海灘、聖地牙哥海灘；南卡羅來納州的默特爾海灘；北卡羅來納州的外灘群島；以及維吉尼亞州的維吉尼亞海灘等。

大型度假村提供的設施通常包含游泳池、育樂中心、運動場地如籃球場及網球場、健身房、SPA、兒童遊戲場等，由於主要的景點就是海灘本身，因此度假

度假村內設備齊全滿足遊客各項需求

村與海灘距離近，讓遊客能很快抵達沙灘與進行相關活動如日光浴或衝浪，許多度假村甚至讓住客能從房間直接通往和擁有自己的沙灘。海邊的住宿類型選擇多，應先評估自己的旅遊需求，如只想要有陽臺的旅館海景房，或是高級奢華的私人海灘度假村，抑或是提供各項活動與完善公共設施的度假村，如果想要節省住宿費，最好盡量避開人潮洶湧的夏季，春夏交際之時往往是不錯的選擇。

2▶4　滑雪度假村

熱愛戶外運動的美國人在冬季也不願意放過出遊的機會，滑雪是居住亞熱帶地區的臺灣旅客較少有機會接觸的活動，大部分的度假村提供裝備出租和教學，幫助第一次滑雪者安全快速地熟悉這項具有冒險挑戰性的運動。一般而言，可以租到的裝備包括滑雪板、滑雪鞋、滑雪杖、安全帽，但極少會提供滑雪專用的夾克和褲子，租借的費用依等級每日約在20～50美金，並建議出發

熱門度假村從夏季就開始預約

前就先在度假村網站上預約裝備，除了可節省時間之外，也可享受早鳥優惠。個人禦寒衣物、防風防水外套和長褲、手套、護目鏡等原則上都需自備，而多數的教學課程費用已包含裝備，因此若有參加課程最好先了解內容涵蓋哪些，以免增添不必要的花費。

美國《富比士》雜誌評選2014年十大最佳滑雪勝地

1.懷俄明州——Jackson Hole Mountain Resort（jacksonhole.com）

2.猶他州——Snowbird Ski & Summer Resort（snowbird.com）

3.猶他州——Alta（alta.com）

4.阿拉斯加州——Alyeska Resort（alyeskaresort.com）

5.加利福尼亞州——Squaw Valley（squaw.com）

6.科羅拉多州——Vail Ski Resort（vail.com）

7.加利福尼亞州——Mammoth Mountain（mammothmountain.com）

8.懷俄明州——Grand Targhee Resort（grandtarghee.com）

9.科羅拉多州——Telluride Ski Resort（tellurideskiresort.com）

10.猶他州——Solitude Mountain Resort（skisolitude.com）

國家圖書館出版品預行編目資料

玩美國，簡單5步驟 / 郝英琪文.攝影. -- 初版. --
臺北市：華成圖書，2014.05
面；　公分. --（GO簡單系列；G0401）
ISBN 978-986-192-209-6（平裝）

1. 自助旅行 2. 美國

752.9 　　　　　　　　　　　　103005073

GO簡單系列　　G0401

玩美國‧簡單 5 步驟

作　　者／郝英琪

出版發行／ 華杏出版機構

華成圖書出版股份有限公司
www.farreaching.com.tw
台北市10059新生南路一段50-2號7樓
戶　　名　華成圖書出版股份有限公司
郵政劃撥　19590886
e-mail　huacheng@farseeing.com.tw
電　　話　02－23921167
傳　　真　02－23225455
華杏網址　www.farseeing.com.tw
e-mail　fars@ms6.hinet.net
華成創辦人　　郭麗群
發　行　人　　蕭聿雯
總　經　理　　熊芸
法律顧問　　蕭雄淋‧陳淑貞

總　編　輯　　周慧琍
企劃主編　　蔡承恩
企劃編輯　　林逸叡
執行編輯　　張靜怡
美術設計　　陳琪叡
印務主任　　蔡佩欣

定　　價／以封底定價為準
出版印刷／2014年5月初版1刷

總　經　銷／知己圖書股份有限公司
台中市工業區30路1號　　電話　04 23595819　　傳真　04-23597123

☻讀者回函卡

謝謝您購買此書,為了加強對讀者的服務,請詳細填寫本回函卡,寄回給我們(免貼郵票)或 E-mail至huacheng@farseeing.com.tw給予建議,您即可不定期收到本公司的出版訊息!

您所購買的書名/_____ 購買書店名/_____

您的姓名/_____ 聯絡電話/_____

您的性別/□男 □女 您的生日/西元_____年____月____日

您的通訊地址/□□□□□_____

您的電子郵件信箱/_____

您的職業/□學生 □軍公教 □金融 □服務 □資訊 □製造 □自由 □傳播
　　　　□農漁牧 □家管 □退休 □其他

您的學歷/□國中(含以下) □高中(職) □大學(大專) □研究所(含以上)

您從何處得知本書訊息/(可複選)

□書店 □網路 □報紙 □雜誌 □電視 □廣播 □他人推薦 □其他

您經常的購書習慣/(可複選)

□書店購買 □網路購書 □傳真訂購 □郵政劃撥 □其他_____

您覺得本書價格/□合理 □偏高 □便宜

您對本書的評價(請填代號/ 1.非常滿意 2.滿意 3.尚可 4.不滿意 5.非常不滿意)

封面設計_____ 版面編排_____ 書名_____ 內容_____ 文筆_____

您對於讀完本書後感到/□收穫很大 □有點小收穫 □沒有收穫

您會推薦本書給別人嗎/□會 □不會 □不一定

您希望閱讀到什麼類型的書籍/_____

您對本書及我們的建議/

華杏出版機構

華成圖書出版股份有限公司　收

台北市10059新生南路一段50-1號4F　TEL/02-23921167

（對折黏貼後，即可直接郵寄）

（沿線剪下）

☺ 本公司為求提升品質特別設計這份「讀者回函卡」，懇請惠予意見，幫助我們更上一層樓。感謝您的支持與愛護！

www.farreaching.com.tw　　　請將　G0401　「讀者回函卡」寄回或傳真 (02) 2394-9913